西部高校大学生入学准备度研究

多　强　著

本书由新疆师范大学博士科研启动基金项目（XJNUBS202018）
及新疆师范大学智库招标课题（ZK202322C）资助出版

知识产权出版社
全国百佳图书出版单位
—北京—

图书在版编目（CIP）数据

西部高校大学生入学准备度研究 / 多强著. —北京：知识产权出版社，2024. 12.
ISBN 978-7-5130-9636-2

Ⅰ. G645. 5

中国国家版本馆 CIP 数据核字第 2024Z9F288 号

内容提要

大学生入学准备度是衡量高等教育质量的重要维度。在构建概念框架的基础上，本书旨在通过实证研究，分析当前西部地区高校大学生入学准备度的现状，并重点关注入学准备度的影响因素，最后探寻提升西部地区大学生入学准备度的可能路径。生态理论与行为理论是本书的两个研究视角，教育工作者和学校要充分营造“以学生为中心”的生态环境，有效做好教育衔接，切实提高大学生入学准备度水平。本书对高等教育改革和研究者具有一定的借鉴意义，也可作为高等教育学专业研究生的理论与实践参考用书。

责任编辑：曹婧文　　　　**责任印制**：孙婷婷

西部高校大学生入学准备度研究

XIBU GAOXIAO DAXUESHENG RUXUE ZHUNBEIDU YANJIU

多　强　著

出版发行：	知识产权出版社有限责任公司	**网　　址**：	http://www.ipph.cn
电　　话：	010－82004826		http://www.laichushu.com
社　　址：	北京市海淀区气象路 50 号院	**邮　　编**：	100081
责编电话：	010－82000860 转 8763	**责编邮箱**：	laichushu@cnipr.com
发行电话：	010－82000860 转 8101	**发行传真**：	010－82000893
印　　刷：	北京建宏印刷有限公司	**经　　销**：	新华书店、各大网上书店及相关专业书店
开　　本：	720mm×1000mm　1/16	**印　　张**：	13. 5
版　　次：	2024 年 12 月第 1 版	**印　　次**：	2024 年 12 月第 1 次印刷
字　　数：	225 千字	**定　　价**：	68. 00 元

ISBN 978-7-5130-9636-2

前言

随着现代化建设的不断深入，教育和知识对社会经济发展的影响与日俱增，高等教育作为提升国家竞争力的战略举措，也备受世界各国政府和社会的重视，正逐步走进社会经济的中心，对个人成长及职业发展的影响也越来越大。20世纪90年代高校扩招以来，我国高等教育迅速地进入大众化阶段，至今已全面迈入普及化发展阶段。与此同时，高等教育的质量问题越来越多地成为社会各界关注的焦点。我国西部地区在国家发展中处于重要的战略位置，加快发展西部地区教育事业、提升高等教育质量是促进西部地区社会稳定和长治久安、提升西部地区综合竞争力的必然要求。在以往的教育政策改进中，政府和社会等利益相关者更多地关注了学生高等教育机会的获得与均等问题，其出发点主要是为了增加那些因教育资源受限、家庭支付能力不足等群体的高等教育机会，以保障他们受高等教育的权利。但是，随着高等教育质量评估范式的不断推进，评估指标也越来越细化为“以学生为中心”的学习质量评价，学生获得高等教育机会但并未在大学里获得成功引发社会的深度思考。现行只是通过改善大学内部环境的作法似乎并没有收到太多的成效，改革者和研究者开始关注学生进入大学前的准备问题。在此方面，欧美学者较早地就尝试以发展学生大学准备度来提升高等教育质量，并且取得了丰富的理论与实践成果。

本研究借助生态和行为两个理论视角来研究西部地区高校大学生的入学准备度问题，既是对高等教育质量的内涵和改进策略的探索，也是对当前国家教育政策改革的积极回应。在对相关文献调研的基础上，本研究构建了分析大学生入学准备度的概念框架，从学生的个人特性与环境支持两方面探讨了大学生入学准备度的核心构成要素，它们也成为诊断和分析大学生入学准备度及影响因素的基本依据。

本研究主要采用问卷调查方式来了解甘肃、青海和新疆等西部地区高校大学生入学准备情况，为了更好地对统计数据进行解读，研究还利用访谈调查和相关的制度文本分析来补充对问题的认识。通过对问题仔细梳理与分析后，本研究有以下主要发现。

第一，对西部地区高校大学生入学准备度的研究结果显示：抽样对象中有相当数量的大学生存在入学准备不足的状况。这部分学生的具体表现为：没有建立良好的学习习惯、缺乏对大学知识的认知、学科成绩准备不足、学生自我效能激发不足、有强烈入学愿望但是行动投入较低等。

第二，对大学生入学准备度影响要素的分析结果显示如下。影响要素如：人才选拔方式与大学生入学准备度发展缺少衔接、一部分学生对高考加分政策产生过度依赖心理、家庭经济困难学生的救助渠道较为单一、高中教育与大学教育之间缺少有效衔接等。学校影响要素如："高考压倒一切"的氛围普遍存在、重点中学的学生入学准备度明显偏好、偏远地区的学校缺乏有效教育资源、课堂环境缺少升学文化的氛围等。教师影响要素如：缺乏为学生营造挑战性的学习任务、除班主任以外的师生关系较为淡漠、为完成课堂教学任务师生间缺少互动交流、教师职业规划能力有待提高。家庭影响要素如：家庭结构对学生教育投入有较高影响、家庭经济资本影响学生入学准备、家庭文化资本程度影响学生的入学水平、家庭社会资本影响学生的升学选择。

在对西部地区高校大学生入学准备度及影响要素分析的基础上，本研究提出，社会、学校、教师、家庭都应努力构建"以学生为中心"的教育生态环境，施行促进资源合理配置、建立多元资助体系、深化高考制度改革、统筹国语学习模式、加强中学与大学衔接教育、转变教师教学观念、完善学习质量评价机制、加强父母参与及家庭投入等举措，以此来发展和提高学生的大学入学准备度。

目录

第1章

绪 论

1.1 研究缘起

随着现代化建设的不断深入，教育和知识对社会经济发展的影响与日俱增，高等教育作为提升国家竞争力的战略举措也备受政府和社会的重视，高等教育正逐步走进社会经济的中心，其对个人成长及职业发展的影响也越来越大。近年来，世界各国政府、社会组织及个人都对高等教育给予了特别关注。党的十八大以来，在以习近平同志为核心的党中央坚强领导下，我国教育事业取得了历史性成就。教育普及水平不断提高，国民受教育机会进一步扩大，受教育程度明显提升。党的二十大报告中明确提出，培养造就大批德才兼备的高素质人才，是国家和民族长远发展的大计。[1]《中国教育现代化2035》也指出，培养德智体美劳全面发展的社会主义建设者和接班人，是教育工作的根本任务；提高教育质量，促进教育公平，优化教

---

[1] 习近平. 高举中国特色社会主义伟大旗帜 为全面建设社会主义现代化国家而团结奋斗——在中国共产党第二十次全国代表大会上的报告[Z]. 北京：人民出版社，2022.10.

育结构是推进教育现代化的重要着力点。[1] 此外，受到国际教育质量发展与评估范式的影响，我国也开始强调学校教育教学应该由传统教育模式向“以学生为中心”的教育范式转变，强调人才培养要关注学生的个性成长。为提高学生教育质量、促进学生发展，欧美国家非常重视培养学生的大学入学准备，通过发展学生的大学入学准备度来提高高等教育质量。我国西部地区的甘肃、青海和新疆三省（自治区）在国家发展中处于重要的战略地位，但是，三省（自治区）的各级教育事业发展由于历史、文化、资源和环境等影响因素不尽相同，总体相较于沿海发达地区比较缓慢，学校教育具有典型性和特殊性。要改变传统的以输入为主的数量发展模式，向“以学生为中心”的质量发展模式进行转变，需要家庭、学校、社会等多方合力，在关注学生高等教育入学机会获得问题的同时，也应该教育和引导学生做好大学的入学准备。

1.1.1 基于对学生高等教育机会的关注

中华人民共和国成立以来，全国各族人民在中国共产党的领导下，结束了长期以来受压迫、受剥削、被奴役的苦难岁月，各族人民子弟才有了享受学校教育的权利，有了读书上学的机会。以新疆维吾尔自治区（以下简称“新疆”）为例，旧社会新疆各族人民 95% 以上都没有文化，中华人民共和国成立后愚昧无知的教育生态环境从此得到逐步的改变。[2] 进入 21 世纪以后，中央推出西部大开发政策及“一带一路”倡议，为西部地区经济社会的建设和发展注入了强大动力。在国家教育政策的支持下，西部欠发达地区越来越多的各族学生获得了高等教育入学机会，接受了系统正规的高等教育培养，这为西部地区经济社会建设与发展培养了大批的高等教

---

❶ 中华人民共和国中央人民政府. 中共中央、国务院印发《中国教育现代化 2035》[EB/OL](2019-2-23)[2022-1-20]. https://www.gov.cn/zhengce/2019-02/23/content_5367987.htm.

❷ 黄家庆. 新疆各民族教育改革与发展[M]. 乌鲁木齐：新疆人民出版社，2008：22.

育人才。甘肃、青海和新疆三省（自治区）高等教育毛入学率于 2002 年、2003 年和 2004 年均超过 15%，由此可以看出，西部三省（自治区）高等教育均已在 21 世纪初进入了大众化发展阶段，高等教育大众化及当前的普及化使西部地区高等教育事业迎来了大增长、大发展的历史机遇期。

如图 1-1 所示，自 20 世纪 70 年代开始，甘肃、青海和新疆的普通高校在校生数量开始缓慢增长，到 1999 年国家实施高校扩招以后，高校在校生人数进入了快速增长期。扩招政策有力地推动了高等教育大众化的发展，也使越来越多的适龄青年享受到了高等教育。自 1998 年西部大开发政策实施以来，西部地区高校经历了快速发展时期，高等教育办学规模不断扩大，办学结构日趋合理，质量效益明显提高，整体实力显著增强。❶ 但是，高等教育毛入学率的增长和高校在校生规模的扩大是否已经满足了西部地区各族群众的高等教育需求？是否解决了西部地区那些偏远农牧区、自然环境恶劣地区、教育资源缺乏地区学生上学难的问题？而这些地区的教育发展问题又是党和国家重点关注及西部实现乡村振兴、社会稳定、经济发展和长治久安的关键所在。

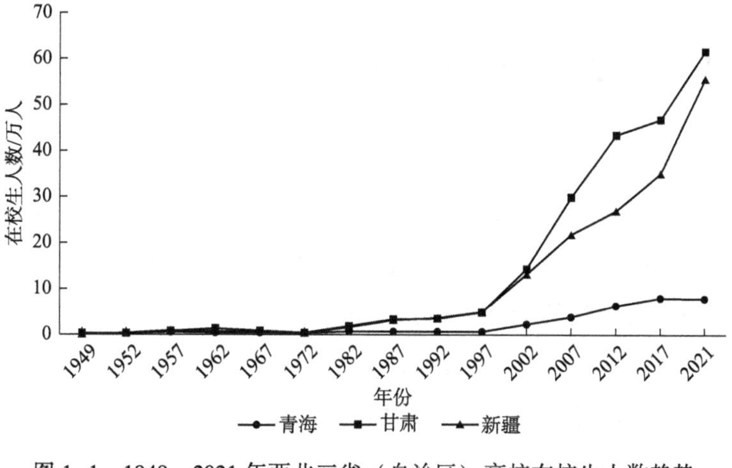

图 1-1 1949—2021 年西北三省（自治区）高校在校生人数趋势

资料来源：国家统计局。

---

❶ 包水梅. 全面振兴西部高等教育：困境、根源及其突破[J]. 中国高教研究，2020(12)：41-47.

在本研究的前期调查中发现，虽然西北三省（自治区）高考录取率连年攀升，但部分学生会出现读完高中而放弃参加高考的情况。进一步研究发现，城市生源学生或者家庭经济收入较好的学生很少出现读完高中而放弃参加高考的，而在偏远地区学生群体中这一情况尤为常见。例如某县教育局局长表示："大学是要收费的，每年几千元或上万元的学费、住宿费花销是一些农村家庭难以负担的，因此有些学生读完高中也就早早进入社会谋生了。"这说明有一部分学生因为家庭经济状况等影响无法获得高等教育入学机会，他们理应成为今后各种教育政策关注与支持的重点群体。有学者认为当前中国高等教育已经解决了数量或规模的问题，但是西部地区长期存在教育底子薄、办学水平低、历史欠账多、教育资源缺乏、经费投入不足、社会生产力不高及家庭经济发展滞后等原因，高等教育的发展与沿海地区之间还存在较大差距，高等教育入学机会对于许多偏远山区、农牧区及经济欠发达地区的家庭子女来说还是"奢侈品"。因此，增加高等教育机会、促进教育公平依然是当前高等教育发展亟须关切、优先解决的重要方向。

1.1.2 基于对高等教育招生质量的关注

数量的大发展是高等教育大众化的一个标志，高等教育只有数量上的大发展才能引发系统在功能结构、人才培养、质量标准和课程体系等一系列的变化，最终使高等教育系统在质的方面出现变化。[1] 潘懋元先生指出：当前高等教育大众化的最低目标已经达成，人们从过去批评发展过慢转变为到现在担心发展太快。[2] 还有学者认为，数量增长总是带给人们对质量的担忧，这是影响高等教育大众化进程的重要问题，甚至还认为，如果数量

[1] 贺祖斌. 高等教育生态论[M]. 桂林：广西师范大学出版社，2005：62.

[2] 潘懋元. 中国高等教育大众化的结构与体系[M]. 广州：广东高等教育出版社，2009：16.

增长不能保证人们认为的“质量”的话，宁可停留在精英阶段。[1]

我国西部地区由于历史、环境、语言文化等多方面原因，造成这些地区在基础教育阶段就和沿海发达地区的教育存在较大差距，进而也影响西部地区学生对高等教育机会的获得。正因如此，国家通过制定各种教育优惠政策，来保障这些地区学生受高等教育的权利。但在入学机会增加的同时，教育数量也引起了教育质量的问题，例如，很多学生通过高考加分等教育优惠政策进入了大学，但是在学习环境的适应、大学学业的完成及个人能力的培养与发展方面出现了诸多问题。这些情况显然与政策制定者的初衷“背道而驰”，这就要求政策制定者必须多视角、系统地考虑高等教育招生及准入机制的改革问题。

高考是学生获得高等教育入学机会的必经之路，高考成绩在一定程度上反映出学生高等教育入学的质量，而学生高考的成绩水平又受到多方面因素的影响。例如，重点中学学生的高考成绩总体上要比普通中学的学生好。从不同视角探析影响学生高考成绩的因素很多，但是大多数研究都表明，不同地区因为政治、经济、文化、医疗、交通等方面发展的差异性会影响学生的学业成绩。因此，我们也不难发现，经济发达的沿海地区和较为落后的西部地区的学生高考成绩大相径庭。例如，浙江省位于我国东部沿海的长三角地区，交通便捷，人才聚集，在经济高速发展的带动下，教育实力也在不断增强。通过对比其与甘肃、青海和新疆三省（自治区）2000年至2021年的理科一批录取分数线（其中新疆采用汉语言考生的录取分数线；因浙江2014年开始施行新高考模式，图中2017年后的分数线为第一段分数线），可以发现西部三省（自治区）学生高考录取的一批次分数线普遍低于浙江（见图1-2）。

西部三省（自治区）与浙江在高考录取分数线上的差距，不仅反映出西部地区基础教育的办学水平，也反映了西北地区高等教育的招生质量。《世界高等教育大会宣言》明确指出：21世纪将是一个更加注重质量的世

---

[1] 王一兵. 高等教育大众化——亚太地区发展中国家面临的瓶颈和战略选择[J]. 东南学术,2002(02):19-23.

纪，由数量向质量的转移标志着一个时代的结束和另一个时代的开始。重视质量是一个时代的命题，谁轻视质量将会为此付出沉重的代价。❶ 党的二十大报告中明确提出：我们要办好人民满意的教育，全面贯彻党的教育方针。落实立德树人根本任务，培养德智体美劳全面发展的社会主义建设者与接班人，加快建设高质量办学体系，发展素质教育，促进教育公平。❷ 当前西部地区发展高等教育事业不仅要关注“教育资源受限群体”高等教育机会的获得与均等问题，也要关注和重视学生高等教育的入学质量问题，这样才能使学生进入大学后更好地适应新的学习环境、顺利地完成大学学业及成功地走向社会。也唯有如此，才能从“源头”上把好质量关，解决好西部地区高等教育质量与水平长期低下或存在的困难问题。

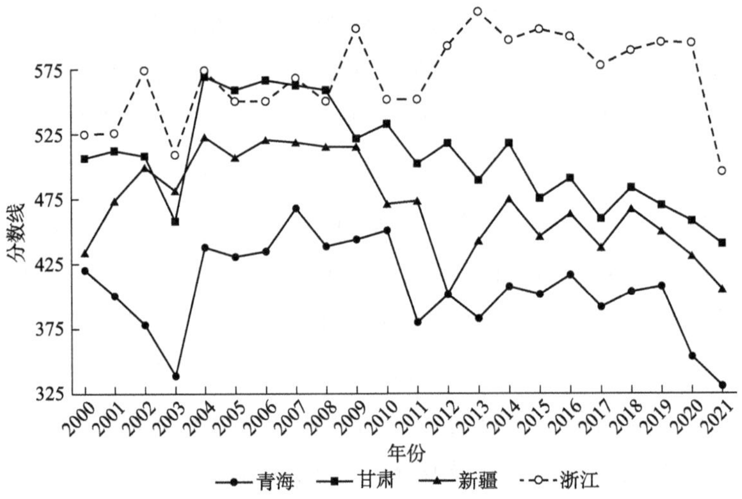

图 1-2　西部三省（自治区）与浙江 2000—2021 年高考理科一批录取分数线

❶ 王媛. 新疆高校本科学生参与度研究——以 X 大学为个案[D]. 北京：北京师范大学，2016.

❷ 习近平. 高举中国特色社会主义伟大旗帜 为全面建设社会主义现代化国家而团结奋斗——在中国共产党第二十次全国代表大会上的报告[Z]. 北京：人民出版社，2022.10.

1.1.3 基于对本科生大学入学准备度的关注

学校的本质特征在于育人，促进学生的发展是最重要的职能。自西方国家新公共管理运动兴起之后，问责制成为世界高等教育质量保证体系的主导逻辑。构建学校质量保障体系是一个践行责任的过程，作为问责的对象，学校必须向利益相关者作出回应，寻找质量提升的关键点，这也催生了一系列关于教育质量的研究。然而，传统的以硬件资源投入为主的衡量指标大多忽略了“以学生为中心”这一根本要素，传统评估中尚未体现“以学生为中心”的根本原则。近现代人文主义学派的“学生发展”理论认为，学生发展是评估学校教育教学质量的主要依据，学生在整个学习历程中的需求，在认识、技能、态度等方面的受益和提高是衡量教育质量的核心标准，社会对学校的认可最终是通过学生的整体素质、学生的成绩和学生对社会的贡献而获得的。这就要求在促进高等教育质量的建设中，要突出学生的主体地位，以学生为中心，从学生角度思考如何改进教育质量，思考在多元的社会环境、校园环境、家庭环境中如何提供有利的资源与条件来支持学生的全面发展。

我国自恢复高考制度以来，实施了多项支持西部地区高等教育发展的举措，其目的是让西部地区各族群众子女更多享受高等教育机会，保障他们受教育的权利。但是，当高等教育发展进入“以评估促质量”的时代，质量评估的视角也发生了转变。以往评估的维度注重考查学校的办学规模、招生人数、学校硬件条件与基础建设，但随着时间的推移，对于传统上的高等教育并没有带来更好的质量改进，这就要求社会和学校包括家庭要全面关注学生进入大学前后的知识、技能培养的整个过程。在对这一过程的细致梳理中，大学准备度即学生为获得高等教育入学机会所付出的时间和精力，以及社会、学校等所创设的支持环境来提高学生的大学入学准备度便成了输入—输出的重要中介变量，对本研究具有重要的现实意义。

结合在高校长期从事教学与管理的经历，笔者深深地感受到，本科生群体虽然是高等教育的中坚力量，但是许多学生进入大学后却面临着诸多困境，如学生在课堂中与教师互动较低、课外投入学习的时间相对较少、课下作业与报告的完成质量较低、对学校图书馆资源及网络电子资源利用程度不够、各类实践活动的参与度不高等一系列问题。这在极大程度上影响了学生的学习收获及教育质量，而很多问题的根源也指向了学生高中与大学教育的衔接部分，因此，提高西部地区高等教育质量需要关注和发展学生的大学入学准备度。

以提高学生入学准备度促进高等教育质量发展这一形式在西方国家已经得到了广泛推广，并取得了大量的理论与实践的成果。而我国国内目前尚处于关注和探索阶段，开展对西部地区高校大学生入学准备度的调查研究更是“无人问津”，因此，研究大学生入学准备度是新时期西部地区提高人才培养质量和开展高等教育评价的重要切入点。

1.2 研究目的

1.2.1 探索当前高校本科学生的大学准备度现状

在以“高考”为主要的社会人才选拔制度中，学校、家长及个人普遍关心高考成绩和录取的结果，学生的表现与评价更多是限定在考试分数上，至于他们是否为进入大学做好各方面的准备，似乎家长和学校都说不清楚。即便当学生进入大学后出现一系列学习困难或适应问题的时候，人们只会认为是这所大学培养环节出现了问题或者简单地归咎于学生自身的不努力，很少有人将这一切与进入大学前的入学准备水平联系在一起。学生为进入大学做好入学准备是一个复杂的过程，既是个体的行为，也是受多方面环境影响的结果。很多研究者的结论已经证实，那些入学准备度高的学生进入大学以后在相应的学习收获、技能培养及自我发展上都会有优秀的表现，而这一切又来自社会、学校、家庭等环境提供的有力支持，换作另一种说法也就是学生的入学准备度是建立在一定的资源、经济和条件基础之上的。西部地区在历史上一直处于教育资源相对匮乏、社会经济发展相对滞后的状态，与沿海地区和发达城市的学生相比，学生在为大学入学准备的过程中，社会、家庭和学校的投入与支持也相对有限。因此，对刚刚进入大学的新生开展入学准备度的调查，可以更好地呈现出西部地区高校大学生的入学质量及环境支持的水平。

1.2.2 探索以发展入学准备度提高教育质量的可能性

由于历史、文化及生态环境等因素，西部地区的教育发展水平与经济发达的沿海地区有较大差距。为了缩小这一差距，政府通常的做法是对那些教育资源相对匮乏地区的学生进行相应的补偿教育或者采用一定的补救措施。例如，针对少数民族学生或者经济发展滞后地区的学生，政府会采用高考加分政策和单独划线录取政策以增加他们的高等教育机会，这样一来，在很大程度上保障了这些地区学生受高等教育的权利。但是高考加分或者单独划线录取政策在某种意义上是对高考录取成绩或分数进行补救，也意味着降低了录取的“门槛”，从国内外学者的研究来看，这部分学生进入大学后会出现比其他学生更多的环境适应、学业完成等方面问题，而这部分学生在西部地区高校在校生中的占比又较高。对此类问题，社会和家庭往往寄希望于高校，希望在高中阶段知识、技能的不足或缺失问题能在大学里得到改善。事实上，很多高校都面临这样的压力，既要支持和贯彻政府部门的决策，又可能要对这部分学生从高中的某些基础课程开始补习。这样一来，就有可能拉长了这部分学生大学受教育的时长，同时也可能造成某种程度上的教育资源浪费，或者因为大学的教学模式和高中教学模式的区别得不到很好的教育效果。因此，如果将这一过程向前推进一步，在学生进入大学前的教育阶段，就建立起高中与大学教育的有效衔接体系，让学生尽早清楚自己想要进入心仪的大学就必须具备相应大学所要求的知识、技能，并为此做出积极的努力与准备，这将有助于他们更好地获得高等教育的机会，而且也会缩短他们进入大学后的适应期，使他们在相对熟悉的大学环境氛围中，体验到更多的收获与快乐。因此，探讨以提高学生的大学准备度来促进高等教育质量这一形式将变得非常重要。

1.2.3 探索建立“以学生为中心”的教育生态支持环境

发展学生的大学入学准备度，目的是提高学生对高等教育的认知水平及掌握相应的知识、技能等，以达到普通高校对人才培养的要求。但是，发展大学准备度不仅要求学生自身要刻苦努力，展现出对高等教育知识和技能的积极追求并取得理想的成绩，也需要良好的环境支持。这说明，入学准备度是建立在学生个体与环境互动或者相互影响的基础之上的，这就需要学校、教师都要为此做出改变，特别是改变以往传统的“以分数为目的”“灌输式”“学徒制”和“以教师为中心”的课堂教学模式，建立起“以学生为中心”的教育教学新范式，既关注学生自我创造性、能动性的个性特征，又施以必要的环境干预措施，这样将有助于提高学生的大学入学准备度，同时有利于建立起高中教育模式与大学教育模式的互补与衔接。在政策支持上，也可以由以往只关注提高学生的高等教育入学机会、增加群体的数量，转而开始关注学生在进入大学前的必备知识和技能的培养及考核。具体来说，如果在扩大教育机会之前，制定了必要的教育政策并实施了大学相关知识、所需技能的培养与考核的措施，那么当这两种支持同时发力的时候，就有可能在提高学生高等教育入学机会的同时，又提高了学生高等教育的入学质量，进而有利于整个高等教育系统的平衡与稳定。因此，建立“以学生为中心”的教育生态环境来提高大学入学准备度是促进高等教育质量发展的新途径。

1.3 研究问题

本书研究的问题包括以下几方面：

第一，西部地区高校大学生入学准备度现状如何？

第二，影响学生入学准备度发展的主要因素有哪些？

第三，如何构建“以学生为中心”的教育生态支持环境？

1.4 研究意义

党的二十大以来，我国迈入高等教育高质量发展的新阶段，加快建设教育强国被提上日程，全面提高人才自主培养质量的目标掷地有声，促进教育公平、提高教育质量成为科教兴国的迫切需要。大学入学准备问题长期以来一直备受欧美等西方学者的关注，本研究以大学入学准备度探讨高等教育质量问题，并立足于我国的现实背景和西部地区的特殊情况对这一问题进行深入研究，既有重要的理论意义，又具有实际的应用价值。

1.4.1 理论意义

在高等教育质量的理论研究方面：质量是高等教育发展必须关注的重大问题，但是质量到底是什么？怎样提高质量又是一个难以说清楚的问题，因为质量的范畴非常宽泛。正如弗雷德里克·博得斯顿指出：“大学的质量必须从多个维度来衡量。”❶ 因此，质量也被认为是“具有多重含义的概念”，与之相关的学生高考成绩、入学准备度、录取率、保持率、学习参与度、毕业率、就业率等方面都可以作为反映高等教育质量的不同维度。本研究主要以学生大学准备度为切入点关注质量问题，也是为了更进一步探讨高等教育质量的内涵、理论及意义。

在大学准备度的理论研究方面：目前，国内学者的研究尚处于探索和借鉴阶段，还没有形成成熟而又完整的理论体系。在西方国家，从 20 世纪 50—60 年代开始，很多研究者就从教育学、哲学、心理学、社会学、生态学、人类学及构建完整的社会支持系统等多个视角对发展学生大学准备度进行了理论探索，并且形成了大量的理论成果。本研究借助生态视角和行为视角，对大学入学准备度这一复杂性、系统性的问题进行研究，同时对发展入学准备度的环境影响因素进行分析，有助于深化研究者对大学入学准备度问题的整体认识，有助于为学者们当前和后续开展入学准备度相关理论研究提供新的思路。

在“以学生为中心”的理论研究方面：目前，国内关于“以学生为中心”的教学和教育研究还处于理论思辨阶段，与之相关的内涵、教学模式、评估体系等尚未完全建立或者不够成熟。本研究构建“以学生为中心”的概念框架并在此基础上进行的实证研究有助于为“以学生为中心”的理论探讨提供参考。

在研究方法的运用方面：本研究采取量化研究和实证研究相结合、理论建构与实践探索相印证的思路，系统地对西部地区高校大学生入学准备度问题进行研究，这有助于更加全面、客观地呈现西部地区基础教育和高等教育发展的现状，通过研究，使人们进一步认识到西部地区提高教育质量的特殊性、重要性，同时希望能为其他关注此类问题的学者们提供一种多视角的研究依据。

---

❶ 弗雷德里克 · E. 博得斯顿. 管理今日大学：为了活力、变革与卓越之战略[M]. 王春春，赵炬明，译. 南宁：广西师范大学出版社，2006：159.

1.4.2 实践意义

在当前国家深入推进“一带一路”倡议背景下，西部地区的发展优势在不断凸显，因此，西部地区社会经济发展也面临着难得的机遇和挑战。在这一历程中，要切实解决西部地区的发展问题，就必须优先解决好教育发展问题。发展教育是不断提高人口素质、振兴经济、促进西部地区现代化的重要前提，同时也是维护民族团结和国家统一、实现各民族共同繁荣的根本大计。[1] 因此，关注和研究西部高校大学生入学准备与教育质量问题具有重要的现实意义。第一，本研究期望能在一定程度上通过分析大学生入学准备状况及相应的环境支持水平来呈现西部地区高等教育质量的现状，并重点分析影响学生发展大学入学准备度的主要因素，这有助于帮助政府和教育决策者重新建立起对高等教育系统输入与输出关系的认识，有助于大学和高中学校借助直观的调查数据来了解和预测不同改革措施对学生学习与获得的影响，有助于利益相关者、教育研究者探索西部地区高等教育入学质量提高与改进的方向，并为其进行科学决策、政策调控和深入研究提供有力的依据。第二，本研究通过比较不同背景学生在大学入学准备度上的差异，从教育生态系统的内外部环境来分析影响学生大学入学准备的主要因素，促使政府、学校、家庭及个人关注并重视大学入学准备度的发展，积极营造有利于大学入学准备度提高的支持环境，并对不利环境能够采取必要的干预措施，把好学生迈向高等教育的“进口关”，最终目的是为西部地区高等教育质量的发展与提高“建言献策”。这与国家“十四五”规划纲要中提出的建构高质量教育体系、提高人才培养质量的理念高度耦合。因此，本研究也是对当前政府教育政策及目标落实的积极回应。

---

[1] 朱远来. 新疆哈萨克族现代教育发展研究[M]. 北京：知识产权出版社，2013：1.

1.5 核心概念界定

1.5.1 高等教育与民族高等教育

在《教育大辞典》中，高等教育被界定为：由大学、文理学院、理工学院、师范学院等机构实施的各种类型的教育，其基本入学条件是接受完中等教育（普通、技术、职业中等或中等师范教育）、修完课程即授予相应的学位、文凭或高等学习证书。[1] 潘懋元先生指出，高等教育实质上是指建立在普通教育基础上的专业性教育，以培养各种专门人才为目标。[2] 滕星教授认为：民族高等教育是国家整体国民教育体系的重要组成部分。作为民族平等的重要政策体现，民族教育是解决中国少数民族地区和少数民族经济、文化发展滞后的重要的和必需的方法和途径。国家整体发展，离不开民族地区和各少数民族的发展。民族高等教育的最直接目标，就是为民族地区的发展提供有力的人才和知识支持，为国家的稳定发展和各民族的团结培养大批优秀人才。[3]

本研究重点关注的是西部地区甘肃、青海和新疆三省（自治区）高等教育人才培养的质量问题。由于这些地区高校少数民族在校生占比相对较高，在研究的不同层面都会涉及少数民族学生的教育和培养问题，因此，本研究既属于高等教育研究的范畴，也具有一定的民族高等教育研究特征。

---

[1] 顾明远. 教育大辞典:第 3 卷[M]. 上海:上海教育出版社,1998:3.

[2] 杨倩. 中国不同少数民族高等教育入学机会研究——基于多民族边疆省份云南的调查分析[D]. 厦门:厦门大学,2014.

[3] 滕星,王铁志. 民族教育理论与政策研究[M]. 北京:民族出版社,2009:9.

1.5.2 本科教育与本科新生

在《教育大辞典》中，本科教育被界定为：本科教育即指高等教育的中级层次，它与专科教育、研究生教育构成了高等教育内部的3个层次，是高等教育的主干部分，一般招收高中毕业生或具有同等学历者，实施本层次的通识教育及有关某一专门领域的基础和专业理论、知识和技能教育。其修业年限一般为4年，某些专业可能为5年或5年以上。[1] 本科生要按照一定的计划和要求修习有关课程（包括实验、实习、社会调查等），接受某些科学研究训练（如毕业论文、毕业设计），学完大学教学计划规定的全部课程，经考试或考核合格，准予毕业者，发给本科毕业证书或授予学士学位或第一专业学位。[2]

根据以上定义，本研究中“本科新生”特指刚进入本科高校就读不满一年的大一学生。本研究中“普通高等学校”“本科高校”和“大学”属于同一概念范畴。

1.5.3 大学入学准备度

美国政府及学者于20世纪80年代末就开始关注大学生入学准备度的发展研究。起初，大学准备度被视作中学教育改革的目标：让每个高中毕业生都做好升入大学的准备，这里的“大学”泛指两年制及四年制高校。进入21世纪后，大学准备度的内涵更加丰富完善，尤其是明确地将外延拓展到高等教育领域。[3] 但是，在美国，联邦政府并没有对“大学准备度”给出准确定义，而是让各个州根据实际情况进行解释说明。根据美国教育科

---

[1] 顾明远. 教育大辞典:第3卷[M]. 上海:上海教育出版社,1998:34

[2] 朱学文. 我国高师本科院校教师培养模式改革研究[D]. 昆明:云南师范大学,2004.

[3] 王晓东,范武邱. 大学准备度提升:美国大学的应对策略[J]. 现代大学教育,2017(5):41-48.

学研究所2014年的统计，已有32个州对“大学准备度”做出定义，有48个州及哥伦比亚特区采用《共同核心州立标准》或者类似的高要求的学术内容标准。在这些州关于“大学准备度”的定义解释中，有些只有一句话，有些则长达几页内容，但大多定义中都包含“学术知识”“技能”“考核成绩”等关键词，而且大多数州都把阅读和数学测评标准列入其要求。❶

后来，美国大学入学考试（ACT）课题研究组将“大学入学准备度”定义为：一名高中学生成功进入大学和完成大学一年级课程学分所需的知识和技能的获得。❷ 美国学者格沃茨进一步提出，高中阶段的教育不应只是让学生知道学什么和具备完成高中学业所需的各项技能，而应将工作重心转向使学生具备进入大学和职业平台所需要的各项能力，包括核心的学业成绩、自我管理能力、就业能力、学习能力、社交能力、自我发展能力、健康习惯和职业目标等。❸ 康利认为，美国对大学准备的强调更多地由“大学入学准备”这一通用术语替代。“大学入学准备”是一个总括性的术语，其指的是学生在进入大学时，需要具备的技能、特质、习惯及知识储备，并以此获得学业成功。❹ 综合上述定义，本研究关注的“大学入学准备度”，特指学生为获得高等教育入学机会及能够在大学阶段全面发展、获得成功而在高中教育阶段所体现出的对学科知识、各种技能的掌握程度。在本研究中使用的“大学准备”“大学准备度”“大学入学准备”“大学入学准备度”及“入学准备”等均属于同一概念范畴。

---

❶ 王晓东，范武邱. 大学准备度提升：美国大学的应对策略[J]. 现代大学教育，2017(5)：41-48.

❷ ACT. Ready for College and Ready for Work：Same or Different? [R]. Iowa City，IA：ACT：2006.

❸ 王华. 美国“大学准备”及其对我国高中生教育的启示[J]. 教育与教学研究，2015(12)：6-10.

❹ CONLEY D T. College and career ready：Helping all students succeed beyond high school[M]. San Francisco：Jossey-Bass，2010.

第 2 章

文献综述

2.1 “以学生为中心”范式的研究

托马斯·库恩认为，科学的发展不是靠知识的积累而是靠范式的转换完成的，而且，范式的转换是主体选择的结果。[1] 自人类进入 21 世纪以来，世界的各个方面都在发生着巨大的变化，变革已经成为新时代的主题。有人认为，当今时代的学生在学习中感到的困惑与面临的问题，早与之前的学生大不相同。在学校的教育环境中，师生双方对彼此的表现都不满意，究其原因是教师希望学生按照自己当年学习与成长的方式来完成学业，而现在学生生活的环境却不再是教师之前生活的那个环境了。[2] 因此，随着时代的变迁，学生需要全新的知识与技能的培养方式，而社会、学校所提供的教育环境也必须为此做出相应的转变。

---

❶ 李席. 论历史知识生成及性质判断上的二元对立[J]. 兰州学刊,2011(3):151-155.

❷ 李爽,陈丽. “以学生为中心”的教育原理与实践指南[M]. 北京:中央广播电视大学出版社,2011:11.

2.1.1 “以学生为中心”的教育改革缘起

2.1.1.1 学生的多元化

美国著名心理学家罗伯特指出学生之间是有差异的。他们在种族、文化、社会阶层及母语上都存在差异，在性别上也存在差异。因此，他们在学业水平、学习速度和学习风格上都会有差异。这些差异对教学、课程设置及学校的政策和做法都有重要启示。他还认为多元化是一个非常重要的问题，教师不仅仅是学生的指导者，他们和学生都是未来社会的建设者。[1] 有学者认为，儿童在进入学校学习时，他们已经汲取了其生活环境中文化的各方面，比如语言、信仰、态度、行为方式、饮食偏好等，大部分儿童都受到许多文化的影响，因为他们同时属于数个有交集的群体。[2] 亚瑟等人认为，学校文化反映的是主流的中产阶级的价值观，且大部分教师都来自中产阶级的家庭，因此，那些来自不同文化背景的学生就可能处于不利地位。了解学生的文化背景对于有效教学具有关键的作用，无论教的是课程材料还是学校的行为与期许。[3] 伯恩斯认为，出身于工薪阶层或底层家庭的学生在入学前很少像出身于中产阶层家庭的学生那样会数数、认字母、用剪刀剪东西或对颜色进行命名，他们在学校里取得好成绩的可能性也不如来自中产阶层家庭的学生。[4] 表 2-1 呈现的是美国 2011 年全国教育进展评估（NAEP）中八年级学生的阅读成绩。可以看出，比较任意两行，父母受教育水平较高的孩子阅读成绩都比父母受教育水平低的孩子要好。

---

[1] 罗伯特·斯莱文.教育心理学:理论与实践[M].吕红梅,等,译,北京:人民邮电出版社,2016:75.

[2] LEVINSON D L, COOKSON P W JR, SADOVNIK A R. Education and sociology:An encyclopedia[M].New York:Routledge Falmer,2002:247-253.

[3] ASHER N. Made in the(multicultural) USA:Unpacking tensions of race,culture,gender, and sexuality in education[J].Educational researcher,2007,36(2):65-73.

[4] BYRNES J P,MILLER D C. The relative importance of predictors of math and science achievement:An opportunity-propensity analysis[J]. Contemporary Educational Psychology, 2007,32(4):599-629.

表 2-1 不同父母教育水平下的美国八年级学生 NAEP 阅读成绩

父母受教育水平	达到或超过“熟练”的百分比/%
大学毕业	42
接受过高中后的一些教育	32
高中毕业	19
高中肄业	12

数据来源：CHAPMAN C, LAIRD J, IFILL N, et al. Trends in High School Dropoutand Completion Rates in the United States: 1972—2009. Compendium Report [J]. National Center for Education Statistics, 2011.

此外，美国学校的大部分课堂都是基于这样一种设想而运行的：学生应该独立完成自己的工作，被别人帮助常常被视为一种作弊行为。学校希望学生们为了成绩、为了获得老师的关注和表扬、为了获得其他各种奖励而进行竞争。❶ 而大量的研究又表明，来自社会底层家庭的学生和低收入家庭的学生不愿意参与竞争，相反他们更热衷于与同伴合作，但是他们的合作倾向与学校所提倡的竞争倾向不匹配。❷ 因此，很多学者指出，在传统的课堂中存在着一种不利于这些学生的结构性偏见，他们建议教师们至少拿出一部分时间让这些学生进行合作学习，使其能够接受符合他们文化取向的指导。❸ 从上述研究者的发现可以看出，学生的多元化、差异化促使社会、学校必须关注学生的个性特征，对传统的教育模式进行改革，“帮助不同学生发现并培养自己的优势，弥补自身的不足”❹。

2.1.1.2 现代社会对学生能力的要求

美国北部中心地区教育实验室（NCREL）指出：当今学生生活在数字

❶ 罗伯特・斯莱文. 教育心理学：理论与实践[M]. 吕红梅，等，译，北京：人民邮电出版社，2016：79.

❷ KAGAN S. Cooperative learning [M]. Clemente, CA: Kagan Cooperative Learning, 1994.

❸ SlAVIN R, MADDEN N A, CHAMBERS M E, et al. Two million children: Success for All[M]. Thousand Oaks: Corwin Press, 2008.

❹ 罗伯特・J. 斯滕伯格，温迪・M. 威廉姆斯. 斯滕伯格教育心理学[M]. 姚梅林，张厚粲，译. 北京：机械工业出版社，2012：109.

时代，处理生活与工作中的问题也需要由传统的方式改为使用信息技术方式，数字时代的基本素养就是学生运用信息技术、交流工具和互联网在当今信息社会中处理问题的能力。[1] 具体来说，21 世纪的学生通过学习应该具备数字时代所要求的基本素养、创新思维能力、有效交流能力和高效工作能力这四方面的基本技能，以应对数字时代出现的革新与挑战。[2] 而且在数字时代，师生关系也在发生变化，学生通过互联网渠道获取信息，逐步使得教师的权威地位下降，如果学生善于使用计算机和互联网，也可能获得比教师更加丰富的知识。在这种情形下，部分教师逐步从知识的传递者变为学生学习过程中的辅助者和协助者。有的教师甚至可以和学生在学习的过程中共同进步，将学生在学习过程中生成的资源在后续教学中继续使用。21 世纪技能联盟（Partnership for 21st Century Skill，P21）[3] 提出：21 世纪学生学习的内容逐步从传统的单一学科向多学科融合转变。由此可见，社会的发展、人才能力的需求都使教育的目标发生了转变，而当前的教育中，人们面临的困惑是，由于在数字时代教育本身没有随着时代的发展从形式上改变，学生仅在学习过程之中使用一些信息技术，解决的其实还是传统教育中的问题，不是 21 世纪要求学生在现实生活和工作情境中解决的真实问题。因此，新的时代需要与之相匹配的教育教学改革。“以学生为中心”的教育理念是新的教学改革思想在教学过程中的映射，是现代教学观，是一种适合当今时代社会、科技、文化教育需要的教育形式。[4]

---

[1] 桑国元. 21 世纪的能力[EB/OL].（2014-12-08）[2018-09-27]. http://blog.sina.com.cn/s/blog_79bb2f5d0101dlwh.html.

[2] NCREL. enGauge21stCentury,Skills[EB/OL].（2010-11-11）[2018-09-30]. http://www.ncrel.org/Engauge.

[3] 21 世纪技能联盟是美国一个全国性的公私合作组织，成立于 2002 年，目前拥有 40 个左右成员组织，主要由一些教育、企业、政府部门的人员组成，包括美国教育学会、美国视导与课程学会、时代华纳基金会、苹果电脑公司、思科系统公司、戴尔计算机公司和微软公司等。

[4] 李爽，陈丽.“以学生为中心”的教育原理与实践指南[M]. 北京：中央广播电视大学出版社，2011：14.

2.1.2 教学范式向学习范式的转换研究

如果将美国教育家杜威视为在现代教育中提出"以学生为中心"这种教育理念的第一人，那么"以学生为中心"的教育并不是 21 世纪才出现的全新教育理念。在美国，"以学生为中心"的教育曾经经历过几次起落，在这个过程中，教师和教育管理者从范式转换上不断加深对"以学生为中心"这个概念的认识。[1] 教学范式的转化研究最先由巴尔和塔格在《从教到学：本科教学新范式》一书中提出。他们认为，"以教师为中心"的教学和"以学生为中心"的教学是两种不同的教育范式。教育范式的变革要求高校越来越多地关心如何产生学习，如何创造有利的环境，如何促进学生的自主发现和知识构建，如何使学生真正成为问题的发现者和解决者。[2] 这一观点立即引发了高校管理者和研究者的关注，并认为教育范式的转变是非常"必要的"。随后有许多学者借用"学习范式"的理念进行"教"与"学"的对比。例如有观点认为，在学生学习和课程开发中存在着一种范式转换：从"场域受限"的传统范式转向新的"三化"范式。在传统的思维方式下，学生的学习是再生产并维持既存知识和人力结构的过程的一部分，并以此维持社会发展。[3] 具体来说，在传统教育中，学生是教师的追随者。他们要经历规范化教育计划的培训过程，在这一计划中，即使学生的能力可能是不同的，他们也要以同样的方式在同样的空间内接受教育，个性化的教育计划似乎是难以实行的。而且所有的学习活动都是局限在校内的，都是建立在教师教学的基础上的。学生从有限的学校教师及教师所准备好的材料那里学习知识。在传统的范式中，教师是知识和学习的主要资源。在新的

---

[1] 李爽，陈丽. "以学生为中心"的教育原理与实践指南[M]. 北京：中央广播电视大学出版社，2011：24.

[2] BARR R B, TAGG J. From Teaching to Learning: A new paradigm for Undergraduate Education[J]. Change, 1995(6): 12-25.

[3] 赵小川，赵明辉. 高中思想政治课新旧课程范式比较研究[J]. 传承，2009(8)：88-89.

范式中，学习是没有边界的，其特征是个性化、地方化和全球化[1]（见表2-2）。而且在这一范式中，学生是教育的中心，学生学习的目的在于满足其需要和发展个人化的性格，尤其是以最理想的方式发展其潜在的多元智力。在恰当的指导和推动下，学生可以进行自我驱动的学习和自主学习，而且使学习成为一种自我实现的、发现的、经验性的和反思的过程。[2]

表2-2　学习的范式转化

"三化"学习的新范式	"场所受限"学习的传统范式
个性化的学习	再生产的学习
• 学生是教育的中心	• 学生是教师的追随者
• 个性化的学习计划	• 标准化的教育计划
• 自主学习	• 吸收知识
• 自我实现的过程	• 接受的过程
• 关注如何学习	• 关注如何获得
• 自我回报	• 外部回报
地方化和全球化的学习	局限于教育机构的学习
• 多元的学习资源	• 基于教师的学习
• 基于网络的学习	• 独立学习
• 终身学习和随处学习	• 固定的时间和限于教育机构内
• 无限的学习机会	• 有限的学习机会
• 世界级别的学习	• "场所受限"的学习
• 地方视野和国际视野	• 主要基于教育机构的经验

资料来源：钟启泉，罗厚辉．课程范式的转换——上海与香港的课程改革［M］．上海：上海科技教育出版社，2003：6-7.

我国学者李奇对学生学习结果进行评估后研究发现，在学习结果评估

---

[1] CHENG Y C. A CMI-triplization paradigm for reforming education in the new millennium [J]. International Journal of Educational Management, 2000, 14(4): 156-174.

[2] MOK M, CHENG Y C. A theory of self-learning in a human and technological environment: implications for education reforms [J]. International Journal of Education Management, 2001, 15(4): 172-186.

中，教学目标和学习结果是两个不同的概念，分别侧重的是“以教师为中心”和“以学生为中心”的教学理念与活动[1]，正是这种差异凸显了教学范式与学习范式之间的区别，他同时也归纳了这两种范式之间不同的要素及特征（见表 2-3）。

表 2-3　教学范式和学习范式的差异比较

要素	教学范式	学习范式
教学使命	传授知识	创建学习环境
衡量成功的标准	师生资源的数量与质量	学习结果的完成情况
教学结构	独立的专业和院系、结构化课程	跨学科、跨专业
学生成绩	主讲教师评定	非主讲教师的评定
指导理论	知识是客观的	知识构建观，以学生为中心
学校治理模式	科层治理模式	共同治理模式

2.1.3　“以学生为中心”教育教学的条件

通过对上述“以学生为中心”范式的研究梳理，发现“以学生为中心”的内涵重点强调了两个关键点，一是学生，二是学习。这也是实施“以学生为中心”教育教学的前提。美国著名教育家芭芭拉等人在对“以学生为中心”教学的研究中也明确提出了“以学生为中心”的五个前提。[2]

① 学生是独特和唯一的。假如学生参与学习并对学习负责时，必须考虑他们的独特性和唯一性。

② 学生之间有差异，包括思维模式、学习效率、学习风格、发展的阶段、能力、天分，以及其他学业和非学业上的需求等，在教学中必须考虑

[1] 李奇. 学习结果评估：本科教学质量保障的底层设计[J]. 复旦教育论坛，2012(10)：56-60.

[2] BARBARA L，MCCOMBS，WHISLER J S. The learner centered classroom and school：strategies for increasing student motivation and achievement[M]. San Francisco：Jossey-Bass，1997.

学生的这些差异。

③ 学习是一个建构的过程。当所学内容和学生相关，并且学生能够积极主动将过去的经验和新学的内容联系在一起的时候，学习发生的状态是最好的。

④ 在积极的环境中，学习能够更好地发生，这种环境包括：积极的个人关系和同伴互动的环境；舒适和有序的教学及生活环境；学生感觉被欣赏、被感激、被尊重及独立的氛围。

⑤ 学习是一个自然发生的过程。学生对所学内容充满好奇，并对所学内容及认识世界感兴趣。有时虽然不能乐观地认为学生对学习充满兴趣，但是学生不需要被教师主导着去学习。

从芭芭拉的论述中很容易看出他仍在强调学生和学习这两个关键点。前两点强调学生的独特性及学生之间的差异，后三点强调学习的过程及如何能使学习更好地发生。因此，有学者认为，要做好“以学生为中心”的教育教学，首先必须充分了解学生，分析他们的特征，认识学生间的差异；其次要全面认识学习，了解学习的规律。在尊重学生差异的前提下，结合学生特征与学习规律，选择合适的教学方法，才能够真正促进学生的学习，实现“以学生为中心”的教学。[1]

2.1.4 建构“以学生为中心”的学习环境

从20世纪90年代开始，受到新的学习理论及建构主义理论的影响，许多教育研究者都开始关注“以学生为中心”学习环境的建构。他们研究的领域主要包括建构开放的学习环境、认知学徒制、建构主义学习环境、基于目标的场景、抛锚式教学、社会中介的传播等。到后来，美国学者兰德和汉纳芬对这些研究成果进行整合和发扬，提出了“以学生为中心”的学习环境，并对传统教学环境与“以学生为中心”的学习环境进行了对比分

[1] 李爽，陈丽.“以学生为中心”的教育原理与实践指南[M].北京：中央广播电视大学出版社，2011：46.

析（见表 2-4）。[1]

表 2-4 传统教学环境与“以学生为中心”的学习环境的比较

传统教学环境	以学生为中心的学习环境
传递	解释、建构
掌握、业绩	意义制定
外部现实	内在现实
二元论、绝对论	文化相对主义
抽象、象征的	境脉化、逼真性、经验性
个人解释	社会协商、协同建构
心智中心	基于共同体、文化中介
被指导的	有意图的
简化的	复杂的、自组织的
个体的	合作的
理想主义的、理性的	实用主义的
编码的、具有保持力	清晰化与反思
内在的、心理的	社会的
接受的、再现的	建构的
符号推理	情境学习
心理学	人类学、社会学、人种学
理论的	日常生活的
中央处理架构	分布式架构
客观的、可建模的	体验的、解释的
符号处理	符号建构
非嵌入的	经验的
概念的、记忆的	知觉的
原子的、可分解的	格式塔
独立的	涌现的

[1] 戴维 · H. 乔纳森. 学习环境的理论基础[M]. 郑太年，任友群，译. 上海：华东师范大学出版社，2002：6.

续表

传统教学环境	以学生为中心的学习环境
支配的	分布式的
客观的、静止的、固定的	主观的、境脉化的、流动的
结构良好的	结构不良的
去境脉的	嵌入经验中
顺从的	自律的

如表2-4所示，在以学生为中心的学习环境中，学习者会对知识的意义进行积极的构建。例如，外部学习目标是可以确立的，但是学习者依据个体的需要和在思想形成及检验过程中产生的问题来决定如何前进。大致来说，如果提供自己选择和追求自身兴趣的机会，学习者会对自己的学习承担更大的责任。有学者认为，在传统的学习环境下，学习者经常被剥夺了发展决策、自我监督、注意力调整等技能的机会，这些技能对于优化学习经验是十分必要的。如果学习者将任务看成使自己的意义同外部机构的期望相匹配，那么，他们在学习中会变得越来越顺从。[1] 乔纳森还认为，以学生为中心的学习环境创设必须包括三个基本要素：首先是问题，指学习者要解决各类问题和项目，并且这些问题常常是真实世界中的实际问题；其次是信息资源，包括与问题相关的各类个案或案例，它们为学习者提供可以参考的学习经验、知识和信息，使其具有解决相应问题的心理模型；最后是工具，包括认知工具、协作工具和交流工具等。认知工具是能够帮助学习者思维，促进其解决问题的各种工具，如分析观点的组织工具、表征心理模型的动态建模工具；协作工具、交流工具是满足学习者共享信息、进行交流，帮助学习者合作构建社会协商知识的工具。[2] 尽管关于建构主义理论的解释尚未达成一致，但大多数人认为，这个理论是一个巨大的变革，因为它主张学生是教学的焦点，处在教育的中心位置，教师应该让学生通

[1] 吕林海. 大学教学的范型更迭:基于学习观转换的视角[J]. 公共管理高层论坛,2007(1):281-289.

[2] 赵立影. 从活动理论看以学生为中心的学习环境设计[J]. 现代教育技术,2004(4):19-22.

过自己的努力来解决问题[1]，但是重视学生的主体性又并非意味着教师摒弃了教学的责任，有时候教学设计恰恰是一个中心问题。[2]

2.2 大学与中学教育衔接研究

早在 20 世纪 30 年代，美国著名教育家赫钦斯（Hutchins）就指出：“人们习惯于从大学内部思考大学存在的一些问题，而很少从大学教育与中等教育联系的角度考虑教育思想混乱这个问题。美国高等教育深受这种思想混乱的困扰，这种混乱开始于中学，并一直延续至大学的最高层次。”[3]进入 20 世纪 80 年代后，美国霍尔姆斯研究小组在其著名的报告《明天的教师》中明确提出：政府应该将大学和中小学建立伙伴关系作为教师教育改革的一项策略。此后，大学和中小学合作作为学校教育改进的一个重要模式越来越多地得到了人们的认可和重视。[4]

2.2.1 大学教育与中学教育衔接的内涵

我国对大学与中学教育衔接的研究起步较晚，且多为经验总结性的成果及具体学科的衔接研究，系统的理论性研究较少。对于“教育衔接”这一概念，学者蒋雪岩认为教育衔接是指不同教育阶段建立起经常性的协作

---

[1] 蒋懿. 论建构主义理论观点在薪酬管理教学中的应用[J]. 大学教育,2014(11):32-34.

[2] 安妮塔·伍尔福克. 伍尔福克教育心理学[M]. 伍新春,等,译. 北京:中国人民大学出版社,2012(271).

[3] 赵淑梅. 大学与高中教育衔接研究述评[J]. 现代教育科学:高教研究,2014(3):24-29+94.

[4] 马云鹏,金宝,等. 三方合作与支持:学校改进的 U-A-S 模式探索[M]. 北京:教育科学出版社,2013:2-3.

关系，实现多方面的沟通、对接。❶ 王炜波等学者认为“这种衔接包括很多内容，如培养目标、专业设置、教学内容、教育制度等的衔接”❷。学者曹琼方指出：大学与中学的衔接就是指大学与中学（尤其是高中）教育在保持自身独立的前提下，相互沟通与协助，以保持教育的系统性与连续性，至少包括培养目标的衔接、课程和教学内容的衔接、教学方法的衔接、教育制度的衔接、教育理念的衔接五个方面的内容。❸ 还有学者进一步指出，大学与中学教育的衔接应该包括两种形式：一种是大学和高中的过渡衔接，大学作为培养主体，对由高中升入大学的学生进行培养，培养内容为教授基础性的专业知识或补习高中的学科知识，以消除学生由一个教育阶段过渡到另一个教育阶段的不适应性；另一种是高中与大学教育方式的提前对接，高中作为培养主体，前置大学的培养理念与培养方式，为学生进入大学做好前期准备。❹ 本研究倾向于后者，即高中阶段的提前对接培养。

2.2.2 大学教育与中学教育关系的研究

从教育衔接的意义和作用来看，杰尼加等人认为引发大学生学习质量问题的最根本因素就是高中与大学的衔接问题，充分的转衔教育能够促进学生更好地向未来生活和学习过渡。以学生衔接和过渡为重点的转衔教育，是通过各种教学和转衔活动来满足学生需求，这些支持服务在帮助学生认识自己的身体状况、学习优劣势、提升学生的大学准备方面都发挥了重要

---

❶ 蒋雪岩. 教育的链条不可割裂——对大学与中学人才培养衔接的思考[J]. 湖北师范学院学报(哲学社会科学版),2005(5):78-80.

❷ 刘盾. 大中学衔接培养创新人才模式研究以厦门大学附属科技中学为个案[D]. 厦门:厦门大学,2014.

❸ 曹琼方. 中学与大学有效衔接的策略研究[D]. 曲阜:曲阜师范大学,2008.

❹ 郑若玲,谭蔚,万圆. 大中学衔接培养创新人才:问题与对策[J]. 教育发展研究,2012(21):70-75.

的作用。❶ 从教育的内容来看，石中英教授指出：当前高中教育和大学教育的关系，总的来说可以这样形容：如圆的相切与相交，相切是外切而不是内切。❷ 据此理解，高中教育与大学教育在内容、形式、评价等各方面相对独立，交叉少、衔接少，高中教育只是作为基础教育与高等教育联系的途径与形式。从人才培养的角度看，学者刘沪认为：中学和大学像接力赛跑一样，要在跑动中接棒，而不是像现在这样急停传接。我们希望学生在高中毕业时具有准大学生的姿态，而不是像一个老资格的中学生。❸ 由此可见，我国在现阶段的人才培养上，高中教育的功能定位仅是给大学提供高分生源，导致高中教育目标窄化，而大学教育要求学生不仅有扎实的基础知识，更要有可持续发展的人格和能力，这些不仅仅是高考分数所能够承载的。从教育的主体来看，很多研究者开始关注到高中教育阶段的素质教育与大学教育中精英教育的关系。如学者李家成指出：从整体生活转换的性质来看，大学与高中根本性的生活性质差异在于自主、自由与自我超越。❹

美国著名教育家欧内斯特 · L. 博耶曾指出：必须在中等学校和高等学校之间形成一种新的伙伴关系。只有当中等学校和高等学校对它们应该走向何方有着共同的见解和共同的了解，这种教育才更有生命力。❺ 我国学者余立在对中小学教育衔接实践研究的基础上指出：大学阶段学生出现的诸多问题，并不是大学教育的缺陷所造成的，而是中小学教育所留下的后遗症。❻ 大多数学者都认为，大学与高中教育的衔接不良使学生难以适应大学

---

❶ JANIGA S J, COSTENBADER V. The Transition from High School to Postsecondary Education for Students with Learning Disabilities: A Survey of College Service Coordinators[J]. Journal of Learning Disabilities, 2002, 35(5): 462-468, 479.

❷ 石中英. 高中与大学如何衔接？[N]. 光明日报, 2013-4-24(014).

❸ 赵婀娜. 如何处理好高中教育与大学教育的衔接——中学到大学在跑动中接棒[N]. 人民日报, 2013-04-25(018).

❹ 李家成. 高中与大学衔接中的学生成长研究[J]. 人民教育, 2006(12): 8-10.

❺ 欧内斯特 · L. 博耶. 关于美国教育改革的演讲[M]. 涂艳国, 方彤, 译. 北京: 科学教育出版社, 2002: 97.

❻ 余立. 教育衔接若干问题研究[M]. 上海: 同济大学出版社, 2003: 3.

生活，影响了高等教育质量，甚至会对社会造成严重的后果。也有学者直接指明推动中学教育和大学教育的衔接是中国教育体制改革的突破口❶，教育衔接上的断裂是教育资源和教育时间的浪费，更是一种人才和生命的浪费❷。

2.2.3 大学与中学教育衔接的理论研究

在大学与中学教育衔接的理论研究方面，主要有以下两种观点：一种认为大学与中学衔接是教育体系内对不同学制的连接。其具有三个特点：不同层次学制按程度可分为初等教育、中等教育和高等教育三个等级，并在相邻的等级之间实现学制衔接；学制衔接实质上也是课程的衔接；各个等级学制间的衔接应该有统一的课程标准。另一种认为各级、各类教育在保证各自独立的同时，也要保证连续性和系统性。宏观角度上是指学前与小学、小学与中学、中学与大学、大学本科与研究生的衔接；微观角度上是指每一阶段教育的组成部分也要互相衔接。❸ 也有学者认为，大学与高中整体的互相衔接在于以下几个方面：一是大学的专业性与高中课程的选择性和多样性衔接；二是大学的文化素质教育与高中的素质教育衔接；三是大学中拔尖创新人才培养与高中学生创新素养发展衔接；四是大学中的自主性与高中学生发展的主体性之间的衔接。❹ 另外，在对大学与中学的衔接问题研究中，有学者认为当前高考等应试教育存在目标迷失。在中学教育应该为大学教育输送什么样的学生的论述上，石中英教授指出，如果按照现行的教育模式和思路发展下去，会导致“高考论英雄”式的中学质量外部评价标准。❺ 这样看来，中学教育与大学教育的衔接就成为高考生源的衔

---

❶ 唐景莉.寻找创新人才培养对接点[N].中国教育报,2013-05-31(005).

❷ 谢维和.高教改革也应“往下看”[N].中国教育报,2013-04-08(005).

❸ 于薇.运用教育衔接思想帮助大学新生适应的必要性论证及实施策略[D].上海:上海师范大学,2006.

❹ 谢维和.高教改革也应“往下看”[N].中国教育报,2013-04-08(005).

❺ 石中英.高中与大学如何衔接？[N].光明日报,2013-04-24(014).

接了。对此，有学者提出：一是中学教育需要处理好为学生阶段性的高考负责与对学生终身发展负责的关系；二是中学教育需要处理好促进学生知识、能力的发展与促进学生生命成长的关系；三是走向促进学生生命成长的中学教育改革必须恢复中学教育生活的丰富性，把中学生活真正还给学生，才可能培养出能够主动发展的健康个体。❶

2.2.4　大学与中学教育衔接的策略研究

通过对相关文献的梳理可以发现，当前对大学与中学衔接不良的现象描述居多。多数学者以微观的角度，对教育思想、教学内容或课程、教学方法、学校管理衔接不良等方面进行了衔接问题的探讨。也有学者从宏观的角度，从教育结构、大学新生适应教育、高中的大学预备教育、大学招生制度及中学与大学交流合作等维度阐述了中学与大学教育衔接存在的问题。从发展趋势上看，近十年来，很多学者都认识到了教育衔接的重要性，也提出了一些改进的策略和方法。如威尼斯等学者认为，社会的支持环境至少在以下三方面要有所改善：一是为学生、家长及教育者提供准确的、高质量的课程信息和获取途径，以促进学生为达到高校录取标准进行准备；二是调整媒介、政策和调研重心，继续扩大学生的大学录取率；三是扩大社区、州政府和中央政府的工作重心，不仅包括高等教育入学机会还应包括在大学获得成功。❷ 就大学而言，石中英教授认为可以在课程与教学方面与高中进行衔接：首先是通过进阶先修课程（Advanced Placement，AP）、双学分课程（Dual Enrollment，DE）等先修课程或者是准大学的课程，来帮助学生提前熟悉和了解大学教学，特别强调的是“这些课程是按照大学的要求来进行教学的，不是以知识的传授、掌握和再现为主，而是以问题的

---

❶ 邵志豪. 中学与大学德育有效衔接的理论与实践[M]. 北京：中国社会科学出版社，2018：22.

❷ VENEZIA A, KIRST M W, ANTONIO A L. Fix K－16 Disconnections or Betray the College Dream[J]. The Education Digest, 2003(68)：34-39.

提出、发现和资料分析整理、批判性思维的培养，以及小组合作的态度和意识的培养为主”；其次是进行教师流动，例如，在美国的俄亥俄州某高级中学，采用中学教师与俄亥俄大学教师相互兼职的方式促进高中与大学的衔接。[1] 学者王佩东则认为，应该以高中“新课改”为突破口全面实施素质教育，从课程设置的改革、建立新的评价体系等诸多方面入手进行高中教育与大学教育的衔接。[2] 学者王喜娟在对美国高中与大学的教育衔接方式进行分析后认为，在高中教育时期，应注重对学生传输有关高等教育机构的相关信息。而大学应注重对新生进行入学适应教育，这主要包括普及性的学术性课程和心理辅导课程等，帮助学生顺利实现由高中到大学的过渡；此外，高中和大学都应注重学生学习能力的形成，培养学生养成独立学习的能力，以满足学生日益增长的个性化学习的需要等。[3]

2.3 大学入学准备度研究

大学入学准备度的研究在国内尚处于探索与起步阶段，美国等西方学者很早就对此问题进行研究并形成了丰富的理论与实践成果。本节主要对学生入学准备度的研究现状、各组成要素状况及影响学生入学准备发展的各种环境因素进行文献梳理，以便为后续问卷设计和数据解释提供理论或实证支持。

---

[1] 石中英. 高中与大学如何衔接？[N]. 光明日报,2013-04-24(014).

[2] 王佩东. 浅论以高中新课改促进中学教育与大学教育的衔接[J]. 中国科教创新导刊,2008(24):4-6.

[3] 王喜娟. 美国高中与大学衔接模式之双学分课程研究[J]. 外国教育研究,2006(10):1-6.

2.3.1 大学入学准备度现状及基本结论

奥德等学者对美国高中生的升学愿望进行调查后认为：在美国，几乎所有读到九年级的学生都想上大学。[1] 贝利等人的研究则发现，然而学生离开高中后，在拿到文凭证书的学生中，只有 55% 的人会就读于大专院校。尽管美国的大学入学率在逐年上升，但在高校招生方面，美国的家庭收入差距仍很明显，且这种差距难以改变。[2] 克纳普等学者认为大学招生只是拿到高等教育文凭或证书的第一步，真正的目标是以高等教育文凭这一形式在大学里获得成功。目前，在进入四年制本科院校的学生中，只有 55.5% 的学生能在六年内毕业，进入两年制大专院校的学生中，也只有 29.2% 的学生能在三年内毕业。[3] 鲍恩等学者认为就高校招生人数而言，美国高等教育持久率是一个主要问题，特别是对低收入家庭的学生而言。[4] 在这些经济能力和教育受限的学生群体中，大学入学率及毕业率低的主要原因是缺乏大学入学准备，这一点具有广泛共识。[5]

美国公众、政策制定者、教育工作者以及雇主们越来越意识到，获得高中文凭的学生并不能代表其在大学里也能获得成功。比如，美国 ACT 中心对美国大学入学考试进行大样本分析后得出结论：在全国范围内，只有

---

[1] AUD S, et al. The condition of education 2010. [M] Washington, DC: National Center for Educational Statistics, 2010.

[2] BAILEY M J, DYNARSKI S M. Gains and gaps: Changing inequality in U. S. college entry and completion[R]. National Bureau of Economic Research, 2011.

[3] KNAPP L G, KELLY-REID J E, GINDER S A. Enrollment in postsecondary institutions, fall 2008; graduation rates, 2002 and 2005 cohorts; and financial statistics, fiscal year 2008 [R]. Washington, DC: National Center for Education Statistics, 2010.

[4] BOWEN W G, CHINGOS M M, MCPHERSON M S. Crossing the finish line: Completing college at America's public universities[M]. Princeton: Princeton University Press, 2009: 52.

[5] WALPOLE M B. Socioeconomic status and college: How SES affects college experiences and outcomes[J]. The review of higher education, 2003, 27(1): 45-73.

1/4 的高中生为核心学科的大学课程做好了充分的准备。[1] 夏洛克认为即使符合资格要求并且已经被大学录取也并不代表学生们已经为大学学习做好了准备。高达 60% 的学生并不是自主选择的大学或高校，而 30% 的学生某种程度上是达到了高校的录取标准而入学，但这部分学生也并没有完全为大学课程做足准备。[2] 美国国家教育统计中心的数据显示：在那些入学标准较高的高校里，有 1/10 的学生在学术方面没有做好准备；在四年制的高校里，有 1/3 的学生在大学期望和入学技能方面存在差距；而在两年制的院校里，有 42% 的学生存在类似情况，这类院校通常是针对那些进行补救教育课程的学生设置的。[3] 因此，美国很多学者的研究结果一致认为，通过发展学生的大学入学准备度来提升高等教育的水平是美国甚至全球范围内的利益相关者主要关心的问题。[4]

2.3.2 大学入学准备度的复杂性及研究方法

贝利等学者认为，尽管越来越多的人意识到学生大学入学准备度的问题，同时也出现了大量的专题研究、政策努力及数以千计的大学准备课程，但自 20 世纪 80 年代末以来，美国富裕的年轻人与低收入的年轻人的成就差距实际上已经拉大。[5] 帕迪拉对此指出：这种让人沮丧的情况与问题的复杂

---

[1] ACT Inc. The Condition of College and Career Readiness, 2011: Iowa[R]. Iowa City: Act Inc, 2011.

[2] SHULOCK N. Beyond the rhetoric: Improving college readiness through coherent state policy[J]. Washington, DC: National Center for Public Policy and Higher Education, 2010: 14-15.

[3] National Center for Education Statistics. Remediation and degree completion. In the Condition of Education[M]. Washington, DC: Department of Education, 2012.

[4] THOMAS L, QUINN J. First generation entry into higher education[M]. New York: McGraw-Hill Education, 2006.

[5] BAILEY M J, DYNARSKI S M. Gains and gaps: Changing inequality in U. S. college entry and completion[R]. Cambridge: National Bureau of Economic Research, 2011.

性，已经渗入到较大的社会结构中。[1] 对此，麦克唐纳认为社会的影响因素远不止家庭和学校那么简单，其对学生的实际感知和机会以及学生的大学准备行为都会产生影响。他还认为，时间在这种复杂情况下有着重要意义：学生的教育经历会根据其年龄及年代、历史时期及在某个特定时间发生的事件而有所变化，比如经济衰退或教育问责制[2]运动的兴起。又或是，即使是精心设计的教育干预也不能完全解决问题：学生们参加到中学或高校的入学准备课程，但其同时也会经历其他角色、环境及关系。且学生们会依据这些经历、文化及其他群体特征而有所变化。在有统计数据的人群里，个人与个体之间会因其个人素质和经历而有所不同。换句话说，不同学生对环境影响的反应可能会完全不同。而且大学入学准备与所有意识形态、社会和组织结构、时间及学生个人特性这些因素同时相互作用所迸发的力量有关。因此，麦克唐纳认为对于大学入学准备复杂性的理解及复杂方法的运用，无须将其简化。[3] 针对大学入学准备度的复杂性研究，有学者建议，将大学入学准备度研究向前推进的重点是将其放在相互作用的环境影响的框架里，换句话说，就是一种生态学方法。他们认为这种将研究视角映射到生态框架上是基于多种目的的。第一，这种方法为强调大学入学准备的综合性提供了一种将研究、政策和实践重新定义的方法，并以此解释学生与多种环境之间的关系复杂性。第二，这种框架为大量的大学入学准备文献提供了一个连贯的组织方案。第三，生态系统的分析强调人们对特定环境水平的了解，以及不同环境水平之间的相互影响，从而促进研究进程。第四，从生态学的角度既能够解释结构，又能够解释服务机构，从而

---

[1] PADILLA R V. Student success modeling: Elementary school to college[M]. Sterling: Stylus Publishing, 2009.

[2] 教育问责制出现于在美国 20 世纪 70 年代，就是教育工作者以培养高素质的学生为目的、以履行对公众的教育承诺为己任、以追求效能为要求、最终接受责任追究的一种奖惩机制。教育问责制在美国有着比较长的历史，目前已经成为美国教育改革运动中的一项重要举措。

[3] MCDONOUGH P M. Choosing colleges: How social class and schools structure opportunity[M]. Albany, NY: SUNY Press, 1997.

搭建起一座组织和政策方法连接的桥梁。第五，通过挖掘生态学理论，能够给教育工作带来实践提升，并能应用这种理论来解释受教育程度层面的社会经济差距，以及指导中学、大学和社区学院衔接的入学准备课程。

2.3.3 大学入学准备度的个人特性研究

根据生态学原理，个体是通过与其所处环境的相互作用而发展其大学入学准备度的。布朗芬布伦纳认为，生物学、认知、情感和行为方面的特征塑造了个体与周围环境的互动关系，并间接地促进了大学入学准备的发展。虽然这些因素不能决定一个学生的未来，但"个人对环境条件，以及个人与他所处直接环境相互影响的模式是发展性敏感变化的来源"[1]。换句话说，在个体选择、体验及对其所处环境产生反应的特有方式方面，个体与个体之间存在差异，也正是这些差异，在影响后续发展的过程和结果方面是最强大的。[2] 发展性的促进特性影响了个人的后续经历，而且这些特性部分很多是由经验促成的。在这个意义上，个体既是环境的产品，也是环境的生产者。例如，家庭和学校的经历会使学生对学业产生较高期望，也会影响学生后续的学习经历。本研究在查阅众多国外文献后发现，国外学者一般把学习习惯、大学认知、高中成绩、语言状况、自我效能和愿望抱负等方式看成影响个体大学入学准备度培养的资源、力量及需求特点。

2.3.3.1 学习习惯

胡佛等学者认为，学生的学习习惯，如自我管理、自我意识、自我监控和自律，是学生掌握学术内容和概念的基本动作和技能。这些个人特性

[1] BRONFENBRENNER U. Developmental ecology through time and space: A future perspective[M]//MOEN P, ELDER G H JR, LÜSCHER K. Examining lives in context: Perspectives in ecology of human development(pp. 619-647). Washington, DC: American Psychological Association, 1995.

[2] BRONFENBRENNER U. Making human beings human: Bioecological perspectives on human development[M]. Tousand Oaks: Sage, 2005.

以学习技能为基础，比如记录、组织、综合、记忆及利用信息的能力。反过来，学习技能也会对学生的学业成绩产生重要影响。[1] 拉莫斯等人也认为，评估完成任务所需时间的能力及有效学习的能力对一个学生而言是非常重要的。[2] 这就意味着，有较强学术习惯的学生能够更好地分配时间、精力，以及掌握和利用资源，而这类学生也更可能在学业上做好准备，如主动去了解大学的招生流程，并有意识地培养自己的大学入学准备度。在对全美 ACT 考试的测试数据进行分析后，罗宾斯等人将学术的自我训练定义为学生花在课程上的时间多少，以及他们是如何看待自己为完成家庭作业所付出的努力。他们发现，学习习惯与高中的平均成绩和 ACT 成绩正相关。相比于大学学业成绩和高等教育领域的人口统计分类，学生的自律性能更好地评价学业成绩指标。当学生选择完成一项任务时，需要付出最大努力，并在此基础上表现出明显的参与意向，掌握自我管理和自我决定能力的情况下，学生的成功概率才会最大。[3] 齐默尔曼的观点则是：不可否认培养较强的学习技能非常重要，但学习技能不一定能在学校中学到。[4] 加亭格等学者认为，学习行为和相关的个人特性都需要实践和培训，因为在通常情况下，发生在正式的学习环境之外的学习，是一种意愿行为，而且环境的相互影响和个人特性是相辅相成的，学习行为的培养是能够自我加强的，就像那些学习成绩优秀的学生，其培养自己更多先进技能的意愿也会增强一样。[5]

---

[1] HOOVER J J, PATTON J R. Teaching students with learning problems to use study skills: A teacher's guide[M]. Austin: Pro-Ed, 1995.

[2] LAMMERS W J, ONWUEGBUZIE A J, SLATE J R. Academic success as a function of the sex class, age, study habits, and employment of college students[J]. Research in the Schools, 2001, 8(2): 71-81.

[3] ROBBINS S B, ALLEN J, CASILLAS A, et al. Unraveling the differential effects of motivational and skills, social, and self-management measures from traditional predictors of college outcomes[J]. Journal of educational psychology, 2006, 98(3): 598.

[4] ZIMMERMAN B J. Academic studying and the development of personal skill: A self-regulatory perspective[J]. Educational psychologist, 1998, 33(2-3): 73-86.

[5] GETTINGER M, SEIBERT J K. Contributions of study skills to academic competence [J]. School Psychology Review, 2002, 31(3): 350-365.

2.3.3.2 大学认知

国外学者大量的研究都表明，大学认知影响个人的学术行为，包括最终进入大学校门的可能性。[1][2][3] 他们的基本观点是：大学是什么、如何选择高校及如何支付高等教育学费是非常复杂的概念。培养通往大学这条复杂之路所需掌握的知识，对一个家里没人上过大学的学生而言是极其具有挑战性的。像学业成绩一样，高等教育知识是另一个层次体系的知识、技能及所需。大学认知的培养是非常重要的，因为传统的大学招生流程是有时限性的。美国的高中生早在八年级的时候就已经开始为大学做准备了，而那时学生们会决定选择什么样的大学预科课程。还有一些文献就学生和家庭对大学学费、财政支持可用性及援助应用过程的理解程度进行了分析。[4][5][6][7] 学者们认为，个人对大学知识理解程度的不同会导致学生们走上不同的大学路径。例如，学者们在对芝加哥公立学院学生的一份调查研究中发现，如果学生填写一份“免费申请联邦学生资助”，则意味着该学生想要进入一所四年制大学读书。同时，这些学者对美国国家教育长期研究（NELS）数据进行分析后发现，那些经济上和受教育环境上不占优势的黑人

[1] BERKNER L, CHAVEZ L. Access to postsecondary education for 1992 high school graduates[M]. Washington, DC: National Center for Education Statistics, 1997.

[2] CABRERA A F, LA NASA S M. Understanding the college-choice process[J]. New directions for institutional research, 2000(107): 5-22.

[3] HOSSLER D, SCHMIT J, VESPER N. Going to college: How social, economic, and educational factors influence the decisions students make[M]. Baltimore: Johns Hopkins University Press, 1999.

[4] LONG B T. The contributions of economics to the study of college access and success[J]. Teachers College Record, 2007, 109(10): 2367-2443.

[5] MCDONOUGH P M. Choosing colleges: How social class and schools structure opportunity[M]. Albany: SUNY Press, 1997.

[6] RODERICK M, NAGAOKA J, COCA V, et al. From High School to the Future: Potholes on the Road to College[R]. Chicago, MA: Consortium on Chicago School Research at the University of Chicago, 2008.

[7] TIERNEY W G, VENEGAS K M. Finding money on the table: Information, financial aid, and access to college[J]. The Journal of Higher Education, 2009, 80(4): 363-388.

和拉丁裔的学生，如果他们从某个或多个机构中获得了有关财政资助的讯息，相比那些有资格申请大学的学生而言，其更可能主动申请进入大学继续深造。

大学认知还会因为学生的家庭经济背景及其父母的受教育程度而有所差异。艾佛里等人在对波士顿及当地的高中学生进行调查后发现，波士顿公立学校只有一半的毕业生在其高中最后一年秋天的时候申请了第一志愿的大学，而这一比例在郊区富人学校中占 91%。郊区学生的行为反映出其较高的文化资本和社会资本，因为这些孩子的父母都受过高等教育，且对大学选择和入学流程非常熟悉。[1] 阿诺德等人还指出，相比较而言，第一代受高等教育的学生及其家庭对大学的运作或如何获得高校财政支持并不熟悉[2]，或者更具体而言，其大学认知较为匮乏。[3]

2.3.3.3　高中成绩

国内外许多研究者都将高中成绩与大学入学准备和大学的学习质量联系起来。例如在美国，用以衡量高中生学业成绩的方法包括 ACT（American College Testing）成绩，SAT（Scholastic Aptitude Testing）成绩及高中成绩平均绩点等，它们涉及学生认知和非认知等多种因素。研究者普遍认为：高中成绩较好的学生大学学习表现更好，并且这种影响有可能会随着年级的增加而愈加明显。例如奥斯汀认为，虽然入学前学习经验不能直接影响学生的辍学行为，但是高中时期的学业表现、学习积淀或者专业排名，对未

---

❶ AVERY C, KANE T J. Student Perceptions of College Opportunities: The Boston COACH Program[M]//HOXBY C M. College Choices: The Economics of Where to Go, When to Go, and How to Pay For It. Chicago: University of Chicago Press, 2004: 355-394.

❷ ARNOLD K D, FLEMING S, DEANDA M, et al. The summer flood: The invisible gap among low-income students[J]. National Edu-cation Association Higher Education Journal, 2009(25): 23-34.

❸ TORNATZKY L G, CUTLER R, LEE J. College knowledge: What Latino parents need to know and why they don' t know it[J]. Tomas Rivera Policy Institute, 2002, 76(2): 18.

来的学业表现有很强的预示效果。[1] 约瑟夫认为，高中学科成绩比标准化测验分数能更好地预测大学成绩。不管高中学校的资源和教师质量存在多少差异，学生的高中学科成绩平均绩点（HSGPA）仍是对大学课程成绩而言可信赖且公平的预测指标。[2] 索尔等人在对加州大学伯克利分校的调查中发现，大学一年级学生的学业成绩与高中成绩存在相关，在经过了一年的过渡之后，相关系数趋于稳定并逐渐增长。[3] 在国内，有学者在对“985”等重点高校学生的调查中发现，学生入学前的学习基础与能力对大一学生的学习成绩有较强的解释力。例如，学生的高中总体学业水平、高考成绩和高中就读班级对学生成绩有显著的正向影响，而通过保送入学、特招入学、自主招生入学的学生与统招统考学生的大一成绩并无显著差异。[4] 也有学者的研究认为：获取自主招生考试资格的学生比不具备参加自主招生考试资格的学生更能适应大学的学习要求，入学后的学习成绩也更加优异。但是，学习成绩的预测作用也受到很多人的质疑，有研究认为单凭某一次的考试成绩，并不能很好地预测学生的大学学习情况。例如，美国学者盖瑟认为学生能力各有差异，仅仅通过三四个小时的考试很难对这些差异进行充分测查，也难以据此判断其进入大学后的表现，与 SAT 相比，高中平均绩点的预测性更具有预测效力。[5] 美国高校招生咨询协会（NACAC）的研究报告也曾指出，标准化测试有时候是预测学生学术成功的重要因素，但有时

---

[1] ASTIN, A W. Predicting Academic Performance in College: Selectivity Data for 2300 American Colleges[M]. New York: Free Press, 1971.

[2] 约瑟夫·索尔思. 高考预测效度研究需包含高中成绩[J]. 万圆, 译. 教育与考试, 2015(5): 5-9.

[3] GEISER S, SANTELICES M V. Validity of High-School Grades in Predicting Student Success beyond the Freshman Year: High-School Record[J]. Center for studies in higher education, 2007, 38(1-2): 177-197.

[4] 张劲, 谢作栩. 大学本科新生学业成就之影响因素分析——基于某“985 工程”高校的考察[J]. 高等教育研究, 2016(4): 22.

[5] GEISER S, SANTELICES V. The Role of Advanced Placement and Honors Courses in College Admissions[J]. University of California at Berkeley, Center for Studies in Higher Education, 2004, 53(27): 59-67.

候二者则几乎不相关。❶

2.3.3.4 语言水平

美国是一个典型的移民国家，根据美国 1790 年第一次人口调查统计显示，母语为非英语的人口已达到 25%，而且随着移民的增加，母语为非英语的人口越来越多。❷ 到 2003 年，全美国非英语母语学习者（English Language Learner，ELL）的数量已超过了 5300 万人，而这些学生所使用的少数民族语言种类多达 400 多种。❸ 为了帮助 ELL 学生学习英语，从 20 世纪 60 年代起，美国许多州就开始对 ELL 学生实施双语教育，但由于受语言的限制及其他因素的影响，这些 ELL 学生不仅在学业成绩上远远落后于其他学生，且其辍学率也明显高于其他学生，高中毕业率又远远低于母语为英语的学生。例如，在 2005 年，母语为非英语学生的高中毕业率仅为 10%，而母语为英语学生的毕业率是前者的 3 倍，达到 31%。❹ 如何缩小 ELL 学生与母语为英语的学生在学业成绩和英语水平上的差距，成为美国双语教育发展所面临的主要挑战。布尔迪约认为：语言不单单是一种交流工具，除或多或少的词汇之外，还提供一个复杂程度不同的类别系统，以使辨别和掌握诸如逻辑学或美学方面复杂结构的能力，这在一定程度上取决于家庭传授的语言的复杂性。❺ 语言是作为主体与环境在近端过程中发生直接体验的工具，对人的成长及经验的形成都有重要的作用。例如，大多数少数民族学生从小成长在母语环境里，进入学校环境后才开始学习汉语和其他语言，

---

❶ ACT. Educational planning and assessment[EB/OL].(2008-10-4)[2019-09-27]. http://www.act.org/epas/.

❷ 同❶.

❸ 何倩，刘宝存. 美国少数民族双语教育政策及其特点[J]. 比较教育研究，2014(9):4-11.

❹ FUNG I Y Y, WILKINSON I A G, MOORE D W. L1-assisted Reciprocal Teaching to Improve ESL Students Comprehension of English Expository Text[J]. Learning and Instruction, 2003(13):1-31.

❺ 布尔迪约，J.-C. 帕斯隆. 再生产：一种教育系统理论的要点[M]. 北京：商务印书馆，2002:87.

而汉语作为国家通用语言，对少数民族学生的学习、思维和交往方式及高等教育入学机会的获得都有重要影响。国内学者唐德忠以上海 E 大学的六位“民考民”[1] 大一学生为个案，从课堂环境、语言、学习方法、准备考试、同学关系、学习求助等六部分进行了学业完成分析，研究结果显示，少数民族学生在大学里的学习适应过程在某种程度上是文化适应的过程，其中国家通用语言的熟练程度是影响他们学习适应的重要因素，并最终影响到他们的学业质量。[2] 马喜亭等学者对内地高校的少数民族大学生的学习适应情况进行了跟踪调查，结果发现，少数民族学生适应能力强弱与学历、专业背景有一定的关系，而文化差异、语言发展、家庭经济状况等是造成环境适应问题和影响学业完成的主要原因。[3][4][5]

2.3.3.5 自我效能

班杜拉认为自我效能是指个体相信自己能够按照期望的目的行事。这种信念会影响学生对其自我能力的了解和感知，也会影响他们有关可否及如何为大学做准备的决定和行动。[6] 同时，他也认为自我效能是由个人接受的及他们日积月累的经历促成的。如果学生对自己的能力足够自信，他们更可能参与更加复杂的任务，比如学习严苛的课程。他们也更可能认为自己有上大学的能力，也更可能沿着他们制定的高校升学计划去努力。帕亚

---

[1] 指少数民族学生在参加全国普通高等学校统一招生考试时，使用本民族文字答卷。民考民的少数民族学生，主要是报考运用本民族语言文字授课的普通高等学校或专业。

[2] 唐德忠. 少数民族大学生的学习适应研究——以 E 大学的维吾尔族学生为例[D]. 上海：华东师范大学，2010.

[3] 马喜亭，吴彩霞. 新疆少数民族大学生在京适应状况调查研究[J]. 黑龙江民族丛刊，2013(4)：187-192.

[4] 张学娟. 内地高校少数民族学生校园适应性调查与研究[J]. 常州大学学报(社会科学版)，2013(1)：89-91+95.

[5] 古力娜. 新疆少数民族大学生校园文化适应研究——以西南大学哈萨克族大学为例[D]. 重庆：西南大学，2014.

[6] BANDURE A, FREEMAN WH, LIGHTSEY R. Self-efficacy: The exercise of control[J]. Journal of Cognitive Psychotherapy, 1999, 13(2): 158-166.

雷斯的研究发现，自我效能接近 25% 的比例的学生与其成绩的变化正相关。❶ 罗宾斯等人在对大学成绩指标进行综合分析后发现，即使对社会经济状况、高中成绩和标准化考试成绩等变量进行了控制以后，学习成绩的自我效能与在校平均成绩之间的关系仍然密切。❷ 马特恩等人在对美国大学委员会的数据进行检查后发现，高中学生对其自我效能的感知与其在大学第一年的学业成绩有很强的相关性。❸ 凡茨等人指出，像所有其他发展性的激励特点一样，自我效能既是个体与环境之间相互影响的产品，也是环境影响的制造者；正能量的自我效能是由其先前的课程成绩促成的，其会影响个人后续的学业成绩。❹ 德威克在另一项研究中发现，如果学习能力能够凸显出他们的优势，那么高校大学生对其智力的看法也会受到积极影响，而且与那些认为自己智力不变的学生相比，那些认为自己的智力随时变化的学生更有可能提升他们的技能，并充分利用学习机会。❺ 科雷尔的研究发现，个人层面的信念不仅可以通过个人经验形成，还可以通过群体的社会观点来形成。例如，数学能力性别差异化的观念一直存在，男生会高估他们的数学能力，而女生则认为她们的数学得分和测试分数都是相同的。❻ 布雷迪等人认为，自我评价或自评能力是另一个与自我效能相关的层面。了解一个人的长处和短处能够帮助学生选择合适的活动和环境，并能够让他

❶ PAJARES F. Self-efficacy during childhood and adolescence[J]. Self-efficacy Beliefs of Adolescents,2006(5):339-367.

❷ ROBBINS S B,LAUVER K,LE H,et al. Do psychosocial and study skill factors predict college outcomes? A meta-analysis[J]. Psychological bulletin,2004,130(2):261.

❸ MATTERN K D,SHAW E J. A look beyond cognitive predictors of academic success: Understanding the relationship between academic self-beliefs and outcomes[J]. Journal of College Student Development,2010,51(6):665-678.

❹ FANTZ T D, Siller T J, DEMIRANDA M A. Pre-collegiate factors influencing the self-efficacy of engineering students[J]. Journal of Engineering Education, 2011, 100(3), 604-623.

❺ DWECK C S. Self-theories: Their role in motivation, personality, and development [M]. England: Psychology Press,2013:199-235.

❻ CORRELL S J. Gender and the career choice process: The role of biased self-assessments[J]. American Journal of Sociology,2001,106(6):1691-1730.

们在其需要时找到支持，从中获益。个人也会对其所处环境中的机会和风险作出不同的评价，包括对读大学成功可能性的感知，这些都会影响学生接受高等教育的报名决定。[1]

2.3.3.6 愿望抱负

阿诺德等人认为，渴望上大学是一个促进大学入学准备度提升的重要激励因素。一个人想要拿到大学学位的愿望越强烈，他就越可能参与大学预科活动中，比如主动找寻与招生要求、家庭作业及参与大学入学准备课程等相关的信息。[2] 马特恩和肖恩发现，高考参与者拿到学位的愿望，与其高中阶段的考试分数和大学第一年的学业成绩存在某种关系，一般而言，学生的教育预期与其学业成绩基本一致。[3] 还有一些研究人员认为，愿望或计划本身并不能保证学术准备的质量，但其关系到大学招生结果。[4][5] 甘达拉等人的研究发现，对大学准备课程的评价已经证实，期望被大学录取和个体的学术准备之间存在某些重要关系。[6][7] 帕斯卡尔利亚等人还发现，愿望是通过社交促成的，而且不同群体的学生，其愿望也存在差异。例如，

---

[1] BRADY-AMOON P, FUERTES J N. Self-efficacy, Self-Rated Abilities, Adjustment, and Academic performance[J]. Journal of Counseling & Development, 2011(89):431-438.

[2] ARNOLD K D, LU E C, ARMSTRONG K J. Special Issue: The Ecology of College Readiness[J]. ASHE Higher Education Report, 2012, 38:1-138.

[3] MATTERM K D, SHAW E J. A look beyond cognitive predictors of academic success: Understanding the relationship between academic self-beliefs and outcomes[J]. Journal of College Student Development, 2010, 51(6):665-678.

[4] ADELMAN C. Answers in the tool box: Academic intensity, attendance patterns, and bachelor' s degree attainment[M]. Darby, PA: Diane Pub Co, 1999.

[5] JOHN E P S. What Really Influences Minority Attendance? Sequential Analyses of the High School and Beyond sophomore cohort[J]. Research in Higher Education, 1991, 32(2): 141-158.

[6] GANDARA P. A study of high school Puente: What we have learned about preparing Latino youth for postsecondary education[J]. Educational Policy, 2002, 16(4):474-495.

[7] LOZANO A, WATT K M, HUERTA J. A comparison study of 12th grade Hispanic students' college anticipations, aspirations, and college preparatory measures[J]. American Secondary Education, 2009, 38(1), 92-110.

家庭中第一代受高等教育的学生较其他学生群体愿望要低。[1] 对此，伯津的研究也认为，相对生活富裕的群体，经济条件及教育程度受限的学生更想要读大学。[2] 还有一些文献也探讨了读大学愿望方面的性别差异，发现女生早在小学和中学的时候就表现出较高的职业期望。布莱克赫斯特等人还发现，女孩比男孩更想要拥有一个需要大学学位的职业。[3]

2.3.4 大学入学准备度的环境支持研究

美国学者帕迪拉有过这样的描述："一个充斥着日常事务的生活世界……人们就在这个世界里生活"，因此，她认为大学入学准备的改变只可能在"被日常琐事围绕的生活世界中出现"[4]。沃克斯的研究发现，不同于现行的将大学入学准备的重要因素孤立为政策和干预目标的实践做法，发展中的系统方法会探究这些因素之间的联系，例如他们认为在生态学研究中，最主要且最首要的影响可能来自相互关联。[5] 布朗芬布伦纳的人类生态系统理论认为，人们对环境交互影响关注的主要问题包括：学生们在其生活中是怎样经历政策或课程设计的，个人与生活环境是如何关联的，以及在选择环境、适应环境的过程中，个人对其自我发展是如何优化的。[6] 本研究在对国内外学者相关的研究结论进行汇总和梳理后发现，社会因素、学

---

[1] PASCARELLA E T, PIERSON C T, WOLNIAK G C, et al. First-generation college students: Additional evidence on college experiences and outcomes[J]. The Journal of Higher Education, 2004, 75(3): 249-284.

[2] BERZIN S C. Educational aspirations among low-income youths: Examining multiple conceptual models[J]. Children & Schools, 2010, 32(2): 112-124.

[3] BLACKHURST A E, AUGUR R W. Precursors to the gender gap in college enrollment: Children's aspirations and expectations for their futures[J]. Professional School Counseling, 2008, 11(3): 149-158.

[4] PADILLA R V. Student success modeling: Elementary school to college[M]. New York: Routledge, 2008.

[5] WACHS T D. The nature of nurture[M]. Thousand Oaks: Sage Publications, 1992.

[6] BRONFENBRENNER U. The ecology of human development[M]. Cambridge: Harvard University Press, 1997.

校因素、教师因素和家庭因素四个方面都对学生个体发展大学入学准备度产生重要影响。

2.3.4.1 社会因素

（1）教育政策。

在美国，存在着州政府和联邦政府共同为提高大学入学准备度而实施的举措。这些举措通过政策的发展，使整个地区或州的学校改革与共同制定的标准来产生作用。许多州的学校改革重点都放在通过政策来管理课程上，并通过通用标准来衡量成绩。卡兰等学者认为，在共识声明中，国家公共政策与高等教育中心（NCPPH）从州立政策角度考察了 K-16❶ 的一致性，并指出了四种可以被各州用来改善大学入学准备情况的政策手段，也描述了许多美国当前政策的特征。❷

① 覆盖全州的数据系统能够跟进学生在学习和工作中的进度和过程。

② 课程作业和学业评估保持一致性，使 K-12❸ 学校和大学第一年的课程和考试进行衔接、互为补充并相互联系。

③ 利用国家财政和预算工具（如跨部门资金，双录取资金及财政激励问责制）来改善与 P-16❹ 合作。

④ 问责制可以让学校对从学前教育到大学的学生的进步和成功负责任。

美国每个州都在不同程度上制定了一些政策来提高学生的升学率。在大多数情况下，每个州都会发布自己对相关政策成果的说明。在整个说明中，

---

❶ K-16，是指从幼儿园到本科教育结束，即要求每个学生都将完成大学四年的本科教育。

❷ CALLAN P M，FINNEY J E，KIRST M W，et al. Claiming Common Ground：State Policymaking for Im-proving College Readiness and Success. National Center Report# 06-1[J]. National Center for Public Policy and Higher Education，2006，01(03).

❸ K-12，是 kindergarten through twelfth grade 的简写，是指从幼儿园（Kindergarten，通常 5~6 岁）到十二年级（Grade Twelve，通常 17~18 岁），这两个年级是美国、澳大利亚、英国及加拿大的免费教育头尾的两个年级，K-12 是国际上对基础教育的统称。

❹ P-16，是美国新兴起的一个教育概念，包括学前教育、K-12 及高等教育。P-16 教育着重从教育的连续性、完整性和统一性出发，对教育各阶段的衔接问题进行了深入探讨。

通常会将这些计划的综述形成一份州或联邦政府委托的报告，由基金会或其他私人组织提供资金支持并评价政策的影响和结果。例如，哪些有效果，哪些不太好及阻碍成功的障碍是什么？同时，政策还包括让高中生在国家基金的资助下参加大学课程，以及使高中标准与州立大学入学要求保持一致。[1]

联邦政府与州政府的合作，在学校改革中发挥了重要作用。联邦政府非常重视学生学术成就、K-12 标准的发展及影响高等教育的助学金政策。这些活动对学生实现升学准备和获得入学机会具有深刻的间接影响。例如，2001 年联邦教育法案“不让一个孩子掉队”（No Child Left Behind，NCLB）通过，对州立教育政策产生了强烈的影响。各州必须遵守 NCLB 来参与标准化的成果评估，如果随着时间的推移，学生的考试成绩没有明显进步，学校就必须负责。NCLB 带来的一个广泛影响是：由州政府和美国教育部出资开展的综合学校改革（Compre-hensive School Reform，CSR），为实施改革的学校系统提供资金支持。CSR 强调学校内部的整体改革，尤其重视课程改革和评估。大部分可用资金针对那些接受低收入家庭学生的学校[2]，而大多数改革模式都强调对高中课程的改变。比如，AVID 和 Americas Choice 项目就是通过调整高中课程和教学模式的方法，帮助未成年学生为四年制大学教育做好准备。[3]

（2）干预计划。

欧美国家的政府从很早就意识到，为了提高社会弱势群体高等教育的成效，应该在他们进入大学前就实施相关的干预计划。例如，美国政府针对少数族群在高等教育中面临的入学率低、保持率低、就读学校层次低的问题，专门出台了美国高校少数族群学生的先期干预计划（Early Interven-

---

[1] PENNINGTON H. Fast Track to College: Increasing Postsecondary Success for All Students. Double the Numbers: A Jobs for the Future Initiative[M]. Boston: Jobs for the Future, 2004.

[2] JOHN E P S. Education and the public interest: School reform, public finance, and access to higher education[M]. Dordrecht: Springer, 2007.

[3] HASKINS R, KEMPLE J J. A new goal for America's high schools: College preparation for all[M]. Princeton, NJ: Brookings Institution Policy Brief, 2009.

tion Programs），以期能够在 K-12 系统中为少数族群学生开展咨询服务、提供奖学金、提高学术成绩和进行个性培养等❶，而且这一计划得到了来自政府、企业、基金会、大学、基础教育部门、社会和家庭的共同参与和配合。在英国，剑桥大学国际考试委员会（CIE）推出“剑桥大学前考试”（Cambridge Pre-U），该计划旨在希望学生完成 16 岁的义务教育后，通过 2 年的学习获取必要的技能和知识，以便在以后的大学学习中取得成功，核心是培养学生进入大学后的研究能力、国际视野和跨学科的探究能力。❷ 美国学者西尔维娅和艾琳娜就加利福尼亚州立大学 1987 年针对学生群体的多样性而实施的教师指导计划（Faculty Menioring Program）对拉丁裔学生的学校环境适应影响进行了分析，结果表明：学生通过参加该计划可以提高他们的自我效能感和明确他们的学习目标；与那些导师和自己的民族身份不相同的学生相比，与导师具有相同民族身份的拉丁裔学生认为在他们将来个人和职业的发展上获得了更多重要的支持，而且对该计划的满意度也更高；学生和导师的接触频率与学生的适应、获得导师的帮助和对该计划的满意度有正相关性。玛丽莎和艾琳分析了一项大学入学干预计划对第一代拉丁裔大学生如何从高中顺利过渡到大学、保持获得学术和社会支持的能力和坚持完成学业的影响情况。研究结果发现，将高中的大学入学计划服务延伸至大学对学生顺利从高中过渡到大学、帮助学生适应大学环境起重要作用。❸ 国内学者叶信治分析了美国学生从获得高等教育入学机会到大学里的成功手段与方法，指出新生研讨课、学习共同体、本科生科研、服务学习等高影响力的实践计划对学生成功具有显著的影响。❹ 劳凯声教授指出，就高等教育而言，满足经济比较困难的这部分人的上学愿望，不应简单地通

❶ 万秀兰. 美国针对少数民族高教入学问题的先期干预计划[J]. 世界民族，2002(6)：71-77.

❷ University of Cambridge International Examinations (CIE). Cambrige Preu Diploma Phase Ⅱ Consultation Paper[M]. Cambridge：CIE，2007.

❸ SANTOS S J，REIGADAS E T. Latinos in Higher Education：An Evaluation of a University Faculty Mentoring Program[J]. Journal of Hispanic Higher Education，2002，1(1)：40-50.

❹ 叶信治. 高影响力教育实践：美国大学促进学生成功的有效手段[J]. 中国高教研究，2012(9)：35-39.

过免除所有人的学费来实现，而是要建立一套专门针对这部分群体的教育资助机制来实现教育公平，通过完善的干预措施来解决确实有能力上学但因家庭经济条件限制而不能上学的人获得受教育的机会的问题。❶ 学者刘曼通过自编问卷对新疆 9 所高校大学生培养质量的影响因素进行了分析，结果显示，新疆各族学生的高等教育入学机会在数量上不断增长，但是高校的培养质量却不容乐观，建议从提高民族基础教育质量、加强高校预科教学、创设国家通用语言学习环境等措施来构建积极良好的高等教育育人环境。❷

（3）预备项目。

舒尔茨等学者认为，除了学校之外，大学预备项目在参与者的生活中占据着重要地位，在支持和补偿学校升学准备的不足方面发挥着关键作用。大学预备项目有特定的重点领域，如提供考试培训、科学和数学辅导、咨询、学术、大学信息及人际关系发展等。❸❹ 斯威尔指出，在美国更常见的是旨在提高升学意识并培养学生社交技能的项目。在美国，一些最著名和好评最多的项目包括：决心提升（AVID）、快准备、普恩特、助你飞跃和数学、工程与科学成就（MESA）等项目。❺ 如表 2-5 所示，在很多评估和研究的文献中包含了对大学预备项目中有效实践的深入讨论。对于帮助学生做学术上的准备、预习大学知识和完成大学入学任务的最佳可行方法，学校和预备项目机构均已达成共识。总体来说，他们一致认为，当他们向学生提供包括学术支持的综合服务时，以及学生能保持较长时间的持续参与时，这些课程对于提高升学预备能力是最有效的。

---

❶ 劳凯声. 对高等教育收费和公平问题的思考[J]. 教育发展研究,2008(7):1-9.

❷ 刘曼. 新疆少数民族大学生培养质量影响因素分析及对策研究[D]. 石河子:石河子大学,2014.

❸ FINANCE N E, SCHULTZ J L, MUELLER D. Effectiveness of programs to improve postsecondary education enrollment and success of underrepresented youth[J]. Wilder Research, 2006,43(2):113-118.

❹ TIERNEY W G, GARCIA L D. Remediation in Higher Education: The Role of Information[J]. Ameri-can Behavioral Scientist,2011,55(2):102-120.

❺ SWAIL W S, PERNA L W. A view of the landscape: Results of the national survey of outreach programs[J]. Outreach program handbook 2001,52(3):226-232.

表 2-5 美国政府有效的升学准备和拓展项目

实践	描述
给予学术支持	在 K-12 学校中加入预科课程以使其与大学课程无缝对接； 专注于提供高质量的学术支持以补充学生的学校课程
提供全面支持	提供全面的、多方面的干预措施；提供社会支持； 提供经济补助和激励措施，如对 SAT 的支持； 协助学生完成录取过程
给予个性化关注与支持	提供与文化相关的项目和人员； 根据学生的需求给予个性化关注和服务
关键时期的辅导	在大学录取和准备过程中的关键时间段实施干预措施； 高中毕业的暑假提供大学过渡辅导； 提供长期支持
建立支持单元网络	借助同伴提供社会支持和培养学生的志向； 树立未成年人榜样
保持与群体和职业相关	使项目与群体有关； 将项目与职业联系起来； 让家庭参与学习过程
培养大学愿景与支持申请	使学生了解大学是一种选择； 明确他们的选择范围以及支付方式； 坚持向学生提供关于大学录取的可能性的信息

如表 2-5 所示，美国的评估人员和研究人员对主要的升学准备项目进行评估后还进一步提出了原则性指导意见。例如，在联邦资助的“助你飞跃”计划中，参与的大多数学生都是九年级或十年级学生，而且是来自低收入家庭或家庭中第一代上大学的学生，又或两者都是。这一项目要求学生每半周参加一次学术、文化和大学知识课程，并在暑假期间参加学术训练项目。这一计划还可以接受辅导、咨询和定制服务。“助你飞跃”计划对于某些亚组的学生，例如申请入读十年级或更高年级的学生以及 GPA 达到 2.5 分或更高的学生，有最有效的帮助。[1]

[1] SEFTOR N S, CALCAGNO J C. The Impacts of Upward Bound Math-Science on Postsecondary Outcomes 7-9 Years after Scheduled High School Graduation: Final Report[J]. General Information, 2010, 87(5): 337.

2.3.4.2 学校因素

（1）学校氛围。

乔纳森认为，学校教学的本质是为学生的学习提供一种环境。[1] 特伦齐尼等学者建立了学校环境影响模型（见图 2-1）。该模型关注的组织环境更加具体，对学生经验的影响也更加直接，主要包括三类：内部组织结构、政策、实践；学术和学生事务管理项目的政策和实践；教师文化。内部结构、政策和实践对学生的学习经历产生微妙而深远的影响，例如，如果学校设置了对学生进行整体规划、部门协调、学习和课外项目服务的负责人或教师团队，那么学生将获得更加有效的教育经历。学术和学生事务管理的政策和实践是影响学生学习经验及其学习结果的第二类因素。对教师及学生事务管理人员的招聘标准、待遇、级别，以及教师任期的长短等都有可能通过教职工的行为及学术和学生事务项目影响学生的学习。如教师的工作量、待遇级别、学校学术指导政策，教师评估方式，特别是学术和课外项目的政策和实践对学生学习影响较大。教师文化对学生的影响同样显著，教师的专业和学术价值观能通过教师的教学方法、教学行为、教师的专业发展等对学生的学习和发展产生影响作用。[2]

（2）学校投入。

盖瑞等学者对美国 383 名的学生从一至八年级的学业完成情况进行了长期的跟踪调查后认为“学校投入高的学生学业成就高”[3]。另有研究结果发现，学生在学校的高行为投入与情感投入能够显著预防违法犯罪行为。相反，学校投入度低的学生，则在学业、行为、情感等方面存在的问题相对

---

[1] 戴维·H. 乔纳森. 学习环境的理论基础[M]. 上海：华东师范大学出版社，2002：1-3.

[2] TERENZINI P T, REASON R D. Parsing the First Year of College: A Conceptual Framework for Studying College Impact[C]//Annual meeting of the Association for the Study of Higher Education, Philadelphia, PA. 2005.

[3] LADD G W, DINELLA L M. Continuity and Change in Early School Engagement: Predictive of Children's Achievement Trajectories From First to Eighth Grade? [J]. Journal of educational psychology, 2009, 101(1): 190-206.

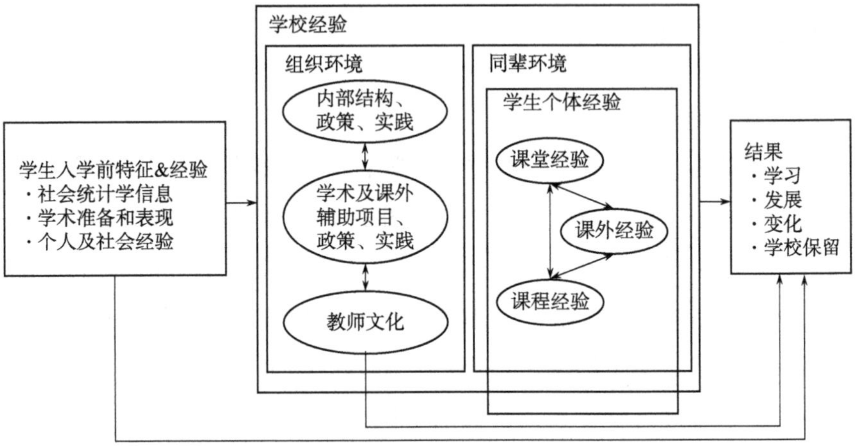

图 2-1　影响学生学习和保留的概念模型

较多。例如，学校投入度低的学生极有可能选择辍学。[1] 奥菲德的研究发现，辍学不是一个瞬时的事件，而是一个过程，辍学随着时间的推移而发生，学校投入度低的学生辍学的可能性更高。例如，美国公立中专的学生学校投入普遍较低，辍学率较高，每年几乎有三分之一的学生辍学。高辍学率可能会影响个人、家庭及社会，而学校投入被视为解决和解释学习动机和成就感下降、学生之间疏远及学校辍学率上升等问题的有效途径。[2] 因此，学校投入有助于发现学生不想上学和不愿意学习的早期迹象，并可以通过干预提高学生的学校投入从而减少辍学。[3] 国内学者王骏等人对内地某一城市的普通高中和重点中学进行对比研究，主要探讨了学校投入对学生学业成绩的影响，结果主要发现：第一，重点高中能够显著提高学生的学业成绩；第二，重点高中显著影响学生的理科学业成绩，但对学生的文科学业成绩没有显著影响，不同录取批次的重点高中对学生学业成绩的影响没有显著差异；第三，虽然教师质量和班级规模能够显著影响学生的学业

[1] LI Y,ZHANG W. The role of school engagement in preventing adolescent delinquency and substance use:A survival analysis[J]. Journal of Adolescence,2011(34):1181-1192.

[2] ORFICLD G. Losing our future:minority youth left out[J]. Dropouts in America:confronting the graduation rate crisis,2004:1-11.

[3] 吕艳霞,刘丽. 学校投入研究述评[J]. 校园心理,2015(2):103-106.

成绩，但重点高中对学业成绩的影响主要体现在难以观测的学校投入上；第四，重点高中对学生学业成绩的影响具有异质性，重点高中对家庭社会经济地位较差、学习能力较强和学习基础较好的学生影响更大。❶

（3）课堂环境。

课堂环境也被称为班级生态环境或者教室环境、班级环境等，是由教师、学生、环境几个要素所组成的动态平衡、开放有序的微观生态系统。❷大量的研究发现，课堂环境和氛围是不容忽略的因素，宽容的、多元化的课堂氛围对学生的学业完成和发展起到推动作用，相反，教师和同辈的歧视和偏见会抑制学生的校园适应、专业学习及不同种族学生的保留率。❸ 戴尔认为课堂环境应包括影响学习者的感知、动机和学习的其他一些因素。❹莱文认为进行大学入学准备的过程中，初中学习和高中学习在学生认知和学科发展中起着关键作用，而支持学生学业成长的课堂环境可以概括为三个 R，即严厉、适当和关系。❺ 阿德尔曼关于课堂环境设计的研究表明，入学准备度高的学生得益于接触有高级学业内容的课堂及与大学课堂实践一致的课堂实践❻，因此他概括了大学入学准备的最佳学校环境和课堂实践的调查结果（见表 2-6）。

---

❶ 王骏，彭顺绪，原莹. 重点高中、学校投入与学生学业成绩——基于 J 市普通高中的一个经验研究[J]. 世界经济文汇，2017(3)：17-45.

❷ 闫蒙钢，马旭明. 构建化学生态课堂的思考[J]. 中国教育学刊，2007(10)：64-65+78.

❸ CABRERA A F，COLBECK C L，TERENZINI P T. Developing Performance Indicators for Assessing Class-room Teaching Practices and Student Learning：The Case of Engineering[J]. Research in Higher Education，2001，42(3)：327-352.

❹ 戴尔·H. 申克. 学习理论：教育的视角[M]. 韦小满，等，译. 南京：江苏教育出版社，2003：419.

❺ LEVINE E. One kid at a time：Big lessons from a small school[M]. New York：Teachers College Press，2001.

❻ ADELMAN C. The toolbox revisited：Paths to degree completion from high school through college[J]. US Department of Education，2006，28(5)：223.

表 2-6 在课堂环境中发展大学入学准备的策略

实践	描述
教授与大学预期一致的课程内容	1. 使课程与大学课程的水平一致，提供有挑战的课程。 2. 要求学生参加普通教育，指导其了解大学所需的课程。 3. 为学生提供大学水平的课程，如大学预修课程或双学分课程。 4. 使学生在一学年内接触主科内容，延长教学日的时间。 5. 给数学或英语等关键主科成绩较为落后的学生提供新生研讨课和特别补习课。 6. 评估学生的先前知识、学科理解程度以及大学知识掌握水平。 7. 在高中测验中加入大学评估
创造吸引人的学习环境	1. 考虑使用项目学习等创新形式，使学生的学习经验个人化。 2. 使用一套教学策略加快学生的学习，比如：教室谈话、协作等。 3. 为学生提供工作场景，帮助学生发展高级职业期望。 4. 为学生提供参加社区项目的机会。 5. 在学业技能领域指导学生使用学习技巧来学习学科知识。 6. 增强学生的学习责任意识
营造学校大学文化氛围	1. 营造学校大学文化氛围，学校的每个职员要以让学生上大学为己任。 2. 合并大学知识和大学申请活动到课程中及其他在校活动中。 3. 学校的顾问要掌握学生标准的测验分数，并对学生作出合理建议。 4. 在 1 对 1 小组环境中提供准备咨询服务和活动。 5. 在进入高中前帮助学生理解大学录取要求。 6. 学生了解参加学业能力倾向测验或美国大学入学考试的政策
提供整体社会支持	1. 帮助学生与导师间构建支持网络，包括能指导学生的关怀人群网络。 2. 提供与文化相关的环境和活动。 3. 考虑学生个人障碍和发展学生所需的时间，提供综合、集中的长期支持。 4. 提供学习小团体或教员咨询，提高学生的认知，让他们知道老师关心他们

如表 2-6 所示，高中学生要更广泛接触主科领域和渐进到更高级课程以符合较高层次的学业准备。康利及美国大学和职业准备评估合作关系协会（PARCC）描述了为做好大学入学准备，学生必须掌握的课程有：英语 5

年，数学 2 年，自然科学 2 年半，社会科学和外语各 2 年，以使学生接触并最终完成大学相关的学术概念。❶ 麦考米克认为，参加高中大学课程和大学成功间的联系特别受到黑人和拉丁美洲学生的赞同。❷ 阿德尔曼的研究结果也显示，即使学生参加一个以上的大学预修课程也与其将来学士学位课程的完成和获得有关。❸

2.3.4.3　教师因素

（1）教学方法。

康利认为教师营造良好的学习氛围可以在班级中形成一种微系统，帮助学生适应从高中到大学在课程内容与认知能力上的转变。康利在对提供的 6 所面向高校的中学案例中发现，学生所要完成的任务会随着四年的课程变化而难度渐增，直到他们的技能达到大学要求的水平。比如马萨诸塞州伍斯特大学的学生在七年级时就开始培养高阶思维能力，学习多种写作风格；初中生们完成了对图画书进行文学解析的任务，这展现了他们的批判思维能力；在九年级时，学生被安排了一个为期一学期，包含核心科目和一些选修科目的小型课程，来构建他们的基础知识；在学生们的入学和毕业研讨会上，他们会写好大学的入学论文，完成入学及助学金申请，以一致的进度完成录取过程。❹ 无独有偶，赫利希认为，作为非选择性综合高中的示范学校，育人高中为即将升至九年级的学生谨慎地设计了课程来帮助他们学习更高级别的课程。而新生则将大多数时间花费在核心学科上来打下扎实的知识基础。除此之外，高中学生会参加一个研讨班，在那里他们锻炼学习能力，设定目标并获得他们在高中所需的社交技能，如果有学生

❶ CONLEY D T. College knowledge: What it really takes for students to succeed and what we can do to get them ready[M]. San Francisco: Jossey-Bass, 2008.

❷ MCCORMICK N J, LUCAS M S. Exploring mathematics college readiness in the United States[J]. Current Issues in Education, 2011, 14(1): 28.

❸ ADELMAN C. The toolbox revisited: Paths to degree completion from high school through college[J]. US Department of Education, 2006, 28(5): 223.

❹ CONLEY D T. College and career ready: Helping all students succeed beyond high school[M]. San Francisco: Jossey-Bass, 2010.

的表现比预期的低了两个年级以上，就会被安排参加策略阅读和数学衔接班来帮助他们跟上下一学期的代数和英语课程。[1] 纳茨基等人认为教师用具有挑战性的学习任务和有目的的教学方法会使学生储备进入大学时所需的技能和知识，提高了他们在大学的表现，弥补了学术知识上的差距。[2][3] 乐和法兰克福的研究发现，教师的某些教学风格似乎对帮助学生强化学术知识和技能特别有效。在对大学初期的观察中，他们认定在日常学习中，合作小组作业、文学小组、提问、课堂讨论、写作学习法知识框架的构建和结构化支持等教学策略，能够推动学生向大学所需学习方式发展和靠拢。在具体教学中，当教师进行提问和课堂讨论时，学生可以陈述自己的想法和猜测，运用批判性思维，尝试解决实际的问题，比如矛盾的实验结果。学生们还会通过定期记录学习内容，为缺课或者不理解课堂内容的同学提供书面指导的方式来消化所学的知识，以提升认知能力。总的来说，如果能在教学过程中培养学生的求知欲，增强学生对学习的责任感，那么教学会变得非常有效。[4] 麦克唐纳认为中学和大学的教学方式存在很大不同，通常中学教师更强调对学生的引导，告诉学生应该做什么，会有什么样的后果，学生与教师的互动较多，也会经常接受教师小范围的指导；相反，大学教师要求学生进行充分的课堂准备，不会全程监督学生学习，对学生反馈和课堂互动也较少。[5]

（2）师生关系。

在学校内，教师在学生的升学准备中扮演着重要的角色。学生可以分

---

[1] HERLIHY C. State and District－Level Support for Successful Transitions into High School[R]. Washington,DC:American Institutes for Research,2007.

[2] TORNATZKY L G,Cutler R,Lee J. College knowledge:What Latino parents need to know and why they don't know it[J]. Tomas Rivera Policy Institute,2002,76(2):18.

[3] WARBURTON E C,BUGARIN R,NUÑEZ A M,et al. Academic preparation and postsecondary success of first-generation students[J]. Education Statistics Quarterly,2001,34(6):117.

[4] LE C,FRANKFORT J. Accelerating college readiness:Lessons from North Carolina's innovator early colleges[R]. Boston,Jobs for the Future,2011.

[5] MACDONALD I. What do We Mean by Transition,and What is The Problem? [J]. Australasian Journal of Engineering Education,2000(9):7-20.

辨出那些关心他们的老师，这些老师希望他们在学业上和生活中都取得成功。威尼斯等人认为，在大学的录取过程中，不同的老师为学生提供咨询服务的意愿和能力有着很大的差异。另外，即使学生经常与老师讨论大学的事情，师生之间的互动也可能因学生、班级和学校不同而有所差异。❶ 伊梅瓦尔根据与加利福尼亚老师一起建立的焦点小组的观察发现，低收入学校的教师在面对学生的个人问题时可能会感到无能为力，这种现象使得他们无意识地变得不支持学生们。❷ 在师生沟通形式上，伊琳认为在通常情况下，教师的任务主要是设计课程、进行教学、传播知识，促进学生的学术发展，师生沟通的地点也主要是教室，涉及的内容多集中于课堂内容和作业，形式较为正式或单一。但是，师生沟通也可采取非正式形式，如课上或课下、校园、走廊或者在办公室等。❸

（3）职业关注。

职业意识一直被认为是学校与现实世界联系的焦点，休珀根据职业发展理论认为，高中生正站在探索潜在职业和发展自我认知的路口，而这些在某种程度上是基于他们构想的成年人职业角色。如果他们的理想职业要求有学士学位文凭，那么自我发现的过程和对职业兴趣的探索都可以激励学生为大学入学做准备。例如，有一些高中为学生提供了与课程相关的实习机会，鼓励学生探索自己的职业道路，并开始接触现实社会。❹ 莱文认为在国家体系中的学校的学生应该每周都花费一些时间在一个他们未来可能

---

❶ VENEZIA A, KIRST M W. Inequitable opportunities: How current education systems and policies undermine the chances for student persistence and success in college[J]. Educational Policy, 2005, 19(2): 283-307.

❷ IMMERWAHR J. With diploma in hand: Hispanic high school seniors talk about their future[J]. National Center for Public Policy and Higher Education, 2003.

❸ ELIN M H. Faculty and Student Relationships: Context Matters[J]. College Teaching, 2014, 62(1): 13-19.

❹ SUPER D E. A life-span, life-space approach to career development[J]. Journal of Vocational Behavior, 1980, 16(3): 282-298.

从事的领域里进行实习，并在某个他们感兴趣的领域里完成一个项目。[1] 类似地，肯普尔等人的研究表明，通过小型学习群体和雇主建立起正式伙伴关系来获得就业机会，职业学院在这方面已经有所突破，他们能够将技术技能、职业探索和学术方法等内容融进具体的课程。而且，职业院校的学生和教师之间有着积极的协作关系，学生的学业成就和职业前景之间也有着积极的相互联系，这些措施非常适用于那些有着中等或者高辍学风险的学生。然而他们的研究结果还说明，没有发现职业院校的学生比其他学生在获得高中毕业文凭或大学学位上有优势。[2]

2.3.4.4 家庭因素

大量的研究文献都表明了来自家庭的支持对学生学业成就和教育愿景的重要性。[3][4][5][6] 例如，山村的研究认为，在高中初期，家长对于孩子志向的引导和对于大学计划的讨论尤为重要。家长可以为他们的孩子设定期望值，如果他们自己没有上过大学，就可以告诉儿子或女儿不要走他们的老路。[7] 卡夫雷拉等人认为家长应该在帮助孩子收集和储存高校信息方面发

---

[1] LEVINE E. One kid at a time:Big lessons from a small school[M]. New York:Teachers College Press,2001.

[2] KEMPLEJ J,WILLNER C J. Career academies:Long-term impacts on labor market outcomes,educational attainment,and transitions to adulthood[M]. New York:MDRC,2008.

[3] FAN X, CHEN M. Parental involvement and students' academic achievement:A meta-analysis[J]. Educational Psychology Review,2001,13(1):1-22.

[4] HILL N E,CASTELLINO D R,LANSFORD J E,et al. Parent Academic Involvement as Related to School Behavior,Achievement,and Aspirations:Demographic Variations across Adolescence[J]. Child Development,2004,75(5):1491-1509.

[5] JEYNES W H. A meta-analysis:The effects of parental involvement on minority children's academic achievement[J]. Education and Urban Society,2003,35(2):202-218.

[6] TIERNEY W G,AUERBACH S. Toward developing an untapped resource:The role of families in college preparation[J]. Preparing for college:Nine elements of effective outreach,2005:29-48.

[7] YAMAMURA E K,MARTINEZ M A,SAENZ V B. Moving beyond high school expectations:Examining stakeholders' responsibility for increasing Latina/o students'college readiness[J]. The High School Journal,2010,93(3):126-148.

挥积极作用。[1] 克罗斯汾等人的研究指出，学生受教育的水平被公认与家庭社会经济地位有关。[2][3] 乔伊的研究发现，如果学生的父母没有上过大学，那么高中毕业生读大学的可能性会远远低于那些父母中至少有一人获得学士学位的高中毕业生；父母没有上过大学的孩子在高中时期学习高等数学的可能性也比父母拥有学士学位的学生要低。[4] 佩尔纳和托马斯在对关于学生学业成就的研究文献进行回顾时指出，学生的学业成就与父母的教育程度和工作保障密切相关。当家庭缺乏有关高等教育的知识和进入高校的途径时，学生们就必须为自己的教育作出决定。[5]

国内学者对这一因素的关注主要集中在家庭对学生的教育投入与其学业完成的影响上。例如，学者石雷山等采用家庭社会经济地位、学业自我效能与学习投入量表，调查了国内某一地区的 953 名高中学生，并使用结构方程模型探讨了家庭投入与学生学业自我效能的关系。其研究结果显示：在家庭教育投入越多的情况下，学生对学习的投入就越多，因此家庭的教育投入可以显著预测学生的学习投入。[6] 庞维国等学者借助 PISA 测验，以我国东北、华东、华南、西南、西北五个地区的 5066 名高中学生为被试对象，探讨了家庭投入与其学业成绩之间的关系。研究结果表明：家庭教育投入与学生的学业水平存在密切关联，而且这种投入取决于具体的投资物

---

[1] CABRERA A F, La Nasa S M. Understanding the college - choice process[J]. New directions for institutional research, 2000, (107): 5-22.

[2] CROSNOE R. Academic orientation and parental involvement in education during high school[J]. Sociology of Education, 2001, 74(3): 210-230.

[3] WALPOLE M B. Socioeconomic status and college: How SES affects college experiences and outcomes[J]. The review of higher education, 2003, 27(1): 45-73.

[4] CHOY S P. Students whose parents did not go to college: Postsecondary access, persistence, and attainment[M]. Washington DC: National Center for Education Statistics, 2001.

[5] PERN L W, THOMAS S L. A conceptual model for understanding disciplinary approaches to student success[J]. ASHE Higher Education Report (Special Issue: Theoretical Perspectives on Student Success: Understanding the Contributions of the Disciplines), 2008, 34(1): 11-34.

[6] 石雷山，陈英敏，侯秀，等. 家庭社会经济地位与学习投入的关系：学业自我效能的中介作用[J]. 心理发展与研究，2013(1)：71-78.

品或课程。另外他们还认为，父母的教育期望越高，他们的教育投入也越高，并且子女的学业成绩越好。[1]

2.4 本章小结

文献综述部分主要介绍了“以学生为中心”的教育教学改革、大学与中学教育衔接和大学入学准备度研究三方面的国内外研究成果。从已有的研究文献来看，国外学者尤其是美国学者对学生大学入学准备度这一复杂问题进行了长期的、系统的理论与实践探索，为这一问题的后续研究提供了宝贵的启示。在对文献进行梳理的过程中，笔者发现，社会、学校、教师及家庭都在不同方面对学生的学习行为及大学入学准备度的发展产生了影响。

[1] 庞维国，徐晓波，林立甲，等.家庭社会经济地位与中学学生学业成绩的关系研究[J].全球教育展望，2013(2)：12-21.

第3章

概念框架

本章主要对研究所运用的理论进行解释说明，对大学入学准备度进行概念框架的设计。理论及其概念框架的介绍一方面有利于明确研究内容，另一方面有助于梳理研究内容各层次之间的关系，是后续研究的逻辑基础。

3.1 概念框架构建的视角选择

大学入学准备度概念分析框架的建立主要以生态视角和行为视角为基础。

借助生态视角的原因在于：首先，“入学准备”的发生归根到底是学生与外界环境系统相互作用的结果，一切对学生的学习问题的解读都离不开环境对学生的直接或间接影响。其次，以生态系统的理论知识为研究视角是对学习环境进行研究的新方法，具有与其他研究工具与理论不同的认知、解读和分析方式等。

借助行为视角的原因在于：虽然各种环境是影响学生入学准备度发展的重要因素，但是如何判定环境提供的支持是增值的或者无效的？如何使环境在最大程度上促进学生大学入学准备度的发展与提高？显然，从单纯的生态环境视角已不能得到全部的答案，因此需要借助行为视角对影响学生大学入学准备度的主要因素及相互作用的机理进行深入分析。

3.2 生态视角

根据加罗尔·杰曼的观点，“生态学是一门研究有机体与环境之间关系的科学”。对生态学来说，以整体视角来看待人类是至关重要的。生态视角只是一个比喻的说法，这个比喻提供了一种对人与其所处环境之间的交互作用的理解。因此，人和环境是整体系统的一部分，在这个整体系统中，人和环境相互塑造对方。[1] 阿什福德等人对此进一步解释，“只有当交互作用促进有机体的生长与发展并同时改善环境，从而为所有依赖环境提供更好的生存空间时，学习或工作实践的开展才是最有效的”[2]。环境可以分为自然环境和社会环境。有学者认为，社会环境是人类独有的生存和发展要素，人类行为正是在社会环境的熏陶和滋养下塑造和形成的，人也是在适应社会环境的过程中学习其应有的行为及行为方式的。[3]

3.2.1 生态系统的发展原则

生态系统强调人与社会系统的各要素在环境中相互作用，并对人类社会行为具有重大影响。其基本是以这样一个论断开始的，即个体与环境是密不可分的。发展是指个体在其环境中逐步向更加复杂和适应的机能变化

[1] 贾梦鸽. 小组工作方法在流动儿童社区融入中的本土化实践[D]. 上海：上海师范大学,2015.

[2] 乔斯·B. 阿什福德，克雷格·温斯顿·克雷劳尔，等. 人类行为与社会环境：生物学、心理学与社会学视角[M]. 王宏亮，李艳红，林虹，译. 北京：中国人民大学出版社，2005：128.

[3] 齐留柱. 论审美人类学的外延[J]. 美与时代(下)，2013(7)：35-36.

的过程。在其定义中，学生发展包括越来越复杂及有效的大学入学准备特征、知识及行为。❶

第一，个人的成长过程取决于其经历，在这些经历中，他们会遇到形式多样的挑战。例如，在人际交往中，用心对待另一个人是复杂的根源。当目标和符号“能够凝聚关注、探索、操作、阐述和想象”时，其本身就具有挑战性。❷ 而缺乏挑战的，或者功能失调、混乱或无法抑制的环境并不会直接促进复杂性。事实上，很多研究表明消极的个人特性与环境失衡或失调之间存在很大关系。❸ 对那些在高中阶段学业成就较低和大学入学方面面临诸多障碍的学生而言，压倒性的挑战很有可能是大学入学准备问题产生的根源。

第二，人与环境的相互作用是“互惠互利的”。也就是说，一个人在环境中行事，且也会被环境影响，如此一来，便促成了他的个人发展。个体有目的地选择其参与领域，以此对他们所处的环境产生影响，而后寻求不同程度的挑战，并对人和事物做出反应，而这些人和事物极有可能与其本身是相互影响的。人的近端过程的互动性给出了一个基于实力的观点：环境不会决定学生的学习成果，因为在个人遇到不同机构的过程中，其所处的环境也是在不断变化的。❹

第三，学生在其“直接环境”中，只能通过经验来获得发展。近端过程是人（如父母、老师和朋友）或物体（如计算机或书籍）或符号（如语言或艺术）的直接性经验。环境的更远处层面必须要通过个人的直接性经验过滤掉，以此构成一个近端过程。例如，只有在与其经历的直接环境存

❶ PADILLA R V. Student success modeling: Elementary school to college[M]. New York: Routledge, 2008.

❷ BRONFENBRENNER U, MORRIS P A. The bioecological model of human development [M]//William D, Richard M L. Hand book of child psychology: Theoretical models of human development. Hoboken: Wile, 2007: 993-1028.

❸ WACHS T D. The nature of nurture[M]. Thousand Oaks: Sage Publications, 1992.

❹ LERNER R M. Developmental science, developmental systems, and contemporary theories of human development[J]. Handbook of Child Psychology, 2007, 12(34): 1.

在相互影响的情况下，学生们才能体会到学校管理与问责制带来的后果。❶

3.2.2 生态系统的研究理论

在国外，很多学者通过将多种环境背景描绘出来从而研发出系统模型的方式来推进对大学入学准备及学生成功领域的研究成果。在多种环境里，个体、学校及社会因素均会对学生们的高等教育选择及结果带来影响。

早期最为著名的是佩尔纳的大学选择影响力模型，他将成本效益计算的经济学人力资本观点与内在的文化属性（也称为“惯习”）及社会资源联系到了一起。❷ 佩尔纳的模型包括四个层面的环境背景，这些背景会对学生的大学选择及决定产生影响：①学生习惯；②学校和社区背景；③高等教育背景；④社会、经济和政策背景。但是该理论在解释这几个层面相互嵌套到什么程度，以及其与大学新生的经验来源从最近到最远的排列顺序方面尚不清楚。后来，蒂尔尼等学者提出了一个文化生态的模型，该模型以四种重叠的背景为特点，包括家庭环境、教育环境、社区环境、课外环境。不同于佩尔纳的模型设计，他们认为学生大学入学准备在这些特定的背景下均有直接的体验，该模型主要强调的是不同环境下主体与环境彼此联系的方式。❸

随后帕迪拉提出了一个学生成功知识模型，这一模型确定了学生在大学里获得成功的障碍因素（包括大学入学准备的障碍），同时也确定了关于如何成功获得正式的学术知识和非正式的启发式知识，以及学生们如何将这些知识应用于克服障碍并获得成功的行为上。帕迪拉的模型与社会系统原理十分契合，例如，该模型承认学生在组织、政策和政治层面经验的嵌

---

❶ ARNOLD K D, LU E C, ARMSTRONG K J. Special Issue: The Ecology of College Readiness[J]. ASHE Higher Education Report, 2012, 38: 1-138.

❷ PERNA L W. The sources of racial - ethnic group differences in college enrollment: A critical examination[J]. New directions for institutional research, 2007(133): 51-66.

❸ TIERNEY W G, VENEGAS K. The cultural ecology of financial aid decision making[J]. Readings on equal education, 2007(22): 1-36.

入性。在对理论进行讨论时，她认为意识形态和文化及历史时间、个人知识、动机倾向对学生的成功都有重要影响，她强调“教育是发生在日常生活中的活动，因此，学生的成功是人类在复杂的教育系统中相互影响的结果，其反过来也嵌入到了复杂的社会系统中”❶。

最后，启发性的心理学系统模型给出了比较确定的理论及相关的研究设计，同时也推动了大学入学准备这一领域的研究向前。这种理论重点强调：教育活动是发生在整个人类发展的生态系统内部，是将多个相互作用的要素联系到一起的关系和过程。这些理论中，最著名的是布朗芬布伦纳的理论研究，他的系统模型也被称为“过程-个人-背景-时间（PPCT）模型”❷。大学入学准备的影响环境被看作是这一模型中的重要组成部分，包括：学生个人特性和能动性作用、学习背景的多个相互影响特点及历史事件的影响，其模型最重要的是分析所有要素对学生大学入学准备度影响的变化及过程。

学生为接受高等教育做好准备是一个典型的系统问题，涉及个人及多重、嵌套环境之间的相互作用。对此，布朗芬布伦纳的“PPCT 模型”进行了相应的环境系统划分，其以个人发展为中心，从里到外包括四种系统，分别是：微观系统、中观系统、外部系统和宏观系统（见图 3-1），它们在结构形式上类似于同心圆的形式互相嵌套、互相影响。布朗芬布伦纳强调“PPCT 模型”主要研究并关注的是积极主动、不断成长的个体和他所处的环境不断变化的特质之间逐渐相互适应的过程，而且这一过程还受到了这些环境之间，以及环境所在的更大背景的影响。它将人看作“有机体-环境”这一社会系统中的一个要素，而个体的行为和适应过程则是这一系统的一个特征。对个体行为来说，最重要的环境不是客观现实的环境，而是个体所感

❶ PADILLA R V. Student success modeling: Elementary school to college [M]. New York: Routledge, 2008.

❷ BRONFENBRENNER U, MORRIS P A. The bioecological model of human development [M]//WILLIAM D, RICHARD M L. Hand book of child psychology: Theoretical models of human development. Hoboken, NJ: Wile, 2007: 993-1028.

觉到的、所理解的环境。❶

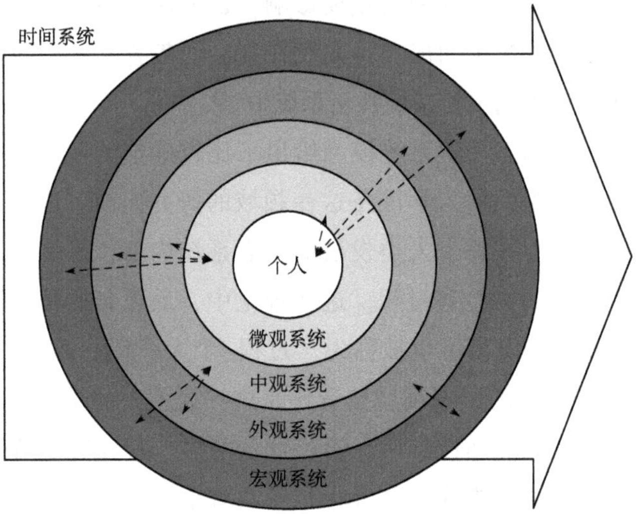

图 3-1　生态系统的研究框架

3.2.3　基于生态系统的要素划分

大学入学准备一直是西方国家和学者研究理论、政策和实践的焦点。虽然所有人都关注这个问题，但是不同国家每年仍有大量的高中毕业生没有获得高等教育所需的学术和实践知识。事实证明，难以提高大学升学率的一个主要原因是个人、组织和社会因素相互影响的复杂性。正如戴尔·阿门等学者总结的那样：许多个人、家庭、体制和系统因素同时在影响着一个人准备、申请、注册、获得资金和从大学毕业的能力。❷ PPCT 模型通过模拟一个处在活跃发展阶段的人和他嵌套环境的相互作用来解释大学准备的复杂性。这种理论将相互影响当作中心，而不单独考查学生和环

❶ 代杏子. Bronfenbrenner 的生态系统学说及演化：交互作用发展观探索[D]. 上海：华东师范大学，2011.

❷ DEIL-AMEN R, TURLEY R L. A review of the transition to college literature in sociology [J]. Teachers College Record, 2007, 109(10): 2324-2366.

境的特定方面，提供了一种可以用来理解不同群体教育轨迹的方式，同时也解释了组织的运作如何造成了群体内部的不同结果。根据生态系统框架，个人特性影响着学生入学准备度的发展，同时个体的大学入学准备度又受到各种环境系统的影响。

3.2.3.1　个人特性部分

罗杰斯的人本主义理论认为，行为主义没有抓住人类独有的那些东西，即人的高度主观的品质和能力，将外界行为作为唯一的研究目标，这必然会使人失去人性，因此他主张从人的特性出发去研究人的心理及行为活动。[1] 卡夫雷拉等学者探讨了构成大学入学准备发展性的促进特性，即学习技能、自我效能、渴望及学业准备等因素如何对个体入学准备度带来协同影响[2][3][4]，他们的研究结果认为，相对来说只有较少的学生能够在高中毕业的时候，在大学入学准备的每个方面都做好充分准备。对此，康利等学者认为个人在某些特定领域的能力会促进大学升学率及取得成功的概率（见图 3-2）。

德国教育家福禄贝尔认为教育应该追随孩子的天性，调动孩子的积极性，教育的目的就是使孩子内在的某种天赋得到发展。[5] 布朗芬布伦纳认为人的发展性和个性特征对大学入学准备度的培养开发有三方面重要影响。第一，资源特性指的是能让个体与其所处环境发生复杂变化并逐步递进的

[1] 龚晓洁，张剑. 人类行为与社会环境[M]. 济南：山东人民出版社，2011：47.

[2] CABRERA A F，LA NASA S M. Understanding the college - choice process[J]. New directions for institutional research，2000(107)：5-22.

[3] PERNA L W. Rigorous academic preparation[J]. Preparing for college：Nine elements of effective outreach，2005：113-134.

[4] RUEDA R. Conclusion：Making Sense of What We Know - From Nine Propositions [M]//TIERNEY W G，CORWIN Z B，COLYAR J E. Preparing for college：Nine elements of effective outreach. Albany：State University of New York Press，2004：189.

[5] 李爽，陈丽. "以学生为中心"的教育原理与实践指南[M]. 北京：中央广播电视大学出版社，2011：38.

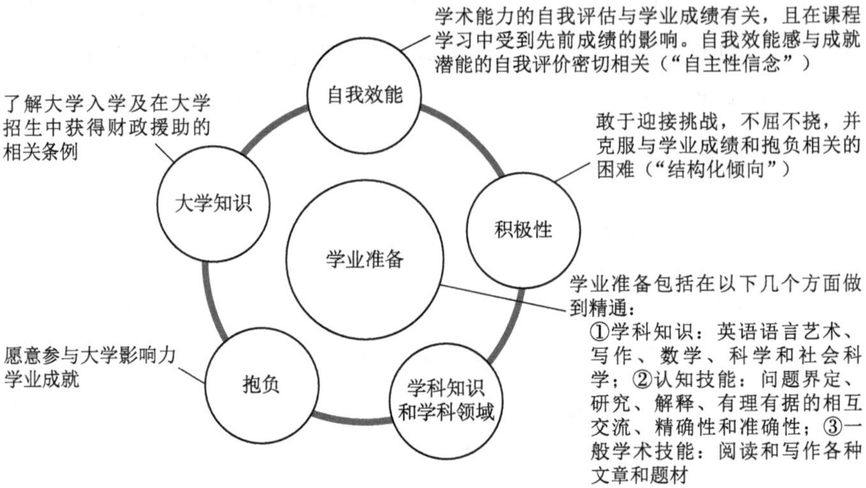

图 3-2　学生大学入学准备发展的关键要素

相互影响的能力、知识及技能。❶ 例如，学生对经济资助的知识有助于让学生形成这样一种思维，即进入大学也是有可能的，这样会促使他们为大学做好准备。同样，学生们学科的基础知识内容会让他们在学科领域范围内，学到更多先进的概念。第二，受力特性会引导个体选择应对其所处环境的方式。这些特征表现为“差异化的兴趣、价值观、信仰体系，以及人、物、环境中的符号及自身有关的目标”❷。在所有这些受力特点中，结构化会引导个体在其所处环境中寻找不同程度的复杂性，其会揭示个体行为及与个体行为结果可能相关的期望。例如，有强烈自我效能感的个体更加倾向于接受高级阶段的课程，那些准备上大学的个体可能参加其学校组织的招聘会，也可能参与更多课程辅助性的活动，并寻求有关大学招生流程相关的信息。第三，个人的需求特征包括影响个人对环境所做出反应的特征。例

❶ BRONFENBRENNER U，MORRIS P A. The bioecological model of human development [M]//WILLIAM D，RICHARD M L. Hand book of child psychology：Theoretical models of human development. Hoboken：Wile，2007：993-1028.

❷ BRONFENBRENNER U. Developmental ecology through time and space：A future perspective[J]. Examining lives in context：Perspectives on the ecology of human development，1995，59(4)：173.

如，展现出较高学习能动性或学术抱负的学生可能会在课堂上更加认真地听讲，也会更加关注老师推荐的大学。

3.2.3.2 环境系统部分

① 微观系统：根据布朗芬布伦纳的界定，微观系统指的是，在具有特定社会和物理特点的小生境中，发展中的个体体验到的活动、角色和人际关系的一种模式。这里的小生境指的是，个体与个体能够直接进行互动的场合，这些场合有着特定的物理特征，参与者在特定的时间内参与其中并从事着特定的活动或承担着特定的角色。这些场合可能是学校、家庭、宿舍或者是那些经常以研究为目的而出现的实验室。在这些场合中，存在着活动、角色和人际关系，这些都组成了微观系统的基本要素。[1]

② 中观系统：中观系统是由两个或者多个发展中的个体积极参与其中的情境之间的相互联系组成。比如，对于学生来说，中观系统指的是家、学校和同伴群体之间的联系。对于一个成人来说，指的就是家庭、工作和社会生活之间的联系。[2] 中观系统的相互作用是，通过微观系统衔接起来——个人的日常生活，包括相互重叠的关系网络、信息、物体及符号。例如，当高中生被大学录取后，就意味着发展的个体要进入到一个新的环境，这时中观系统就形成或扩展了。对大学入学准备而言，中观系统是环境影响中的一个关键层，因为学生经验的总和决定了他们受教育的意向与行为。

③ 外部系统：外部系统主要描述了环境水平，而个体并未置身于该环境中，但在其直接环境中，会有哪些间接影响进程的事件发生。[3] 例如，学生很少与其家庭成员的工作场所直接接触，但是他们在学习或生活上的直

---

❶ 代杏子. Bronfenbrenner 的生态系统学说及演化：交互作用发展观探索[D]. 上海：华东师范大学，2011.

❷ 同❶.

❸ BRONFENBRENNER U. The ecology of cognitive development: Research models and fugitive findings [M]//WOZNIAK R H, FISCHER K W. Development in context: Acting and thinking in specific environments. Hillsdale: Lawrence Erlbaum Associates, Inc, 1993: 3-44.

接经验总会受到其父母的职业、收入及工作条件等因素的影响。另外，学生家庭的教养方式也会对青少年的学业成绩产生影响。❶ 外部系统还包括社会结构，比如民族特征、学历和就业之间的关系，以及社会服务和高等教育资助等。此外，高等教育的招生政策，以及中学和大学之间的教育衔接关系都是一些关键的推进大学入学准备度的尝试，而这些均发生在以学生为主体的外部系统中。

④ 宏观系统：生态系统的最深远层面是宏观系统，包含思想意识、文化，以及主要的社会机构，如政府、宗教和经济相关组织。蒂尔尼等人曾经指出，系统理论本身便是一种意识形态，其促成了大学入学准备的某些假设和实践。

⑤ 时间系统：时间系统影响环境的所有层面，也会使个体对其与外部系统的交互方式造成影响。时间系统还包括环境变化的其他时间因素，如顺序进程，实际年龄、同代群体和生长发育。其中，个人生活、时间和社会历史背景的交叉是教育结果的关键决定因素。“通路”或“管道”这类隐喻是大学入学准备过程中最为常见的，其表明大学入学准备和大学成功是一个纵向的时间过程，其步骤必须要在特定的时间以特定的顺序完成。❷ 例如，学生的生活既出现在某个社会历史时期，也会出现在不同的年龄层面，在每个层面都以特殊的方式经历着不同的历史事件。❸

3.2.4 生态视角对概念构建的启示

首先，学生的大学入学准备是一个具有挑战性的构建过程，具有多面

❶ STEINBERG L, DARLING N E, FLETCHER A C. Authoritative parenting and adolescent adjustment: An ecological journey[M]//MOEN P, ELDER GH JR, LÜSCHER K. Examining lives in context: Perspectives on the ecology of human development. Washington, DC: American Psychological Association, 1995: 423-466.

❷ TIERNEY W G, VENEGAS K. The cultural ecology of financial aid decision making [J]. Readings on equal education, 2007(22): 1-36.

❸ ELDER G H, Shanahan M J. The Life Course and Human Development[M]. Atlanta: American Cancer Society, 2007.

性和整体性的特点，会随着个人特点和群体特点而变化，并包括了学生掌控能力的各种因素。做好升学准备的学生都具备一套完整的知识体系、学术策略、专业技能、性格及心理社交能力。大学的入学准备过程包括了个人对高等教育的期望值和愿景，关于大学和经济援助的知识以及在选择、申请、选拔、筹集学费等复杂任务方面的技能和实践经验。

其次，生态环境影响着学生是否已经具备大学入学准备所需的愿望、倾向、学术和实践知识。尽管每个学生自身都能形成完整的生态体系，但入学准备的过程是一种个人的财产。[1] 从生态学的角度来看，学生成长过程中会形成一种喜欢挑战的性格特征，这些特征使个体倾向于获得他在升学准备过程中所需的技能和知识。这个概念解释了个人差异，从假设学生的优势开始，而不是看重学生的缺陷。重要的是，学生体验的个体层面特征和他们对体验的反应是通过与环境的相互作用形成的。例如，一个不相信自己能在学业上取得成功并因此逃避在学业上挑战自我的学生，可能会从其他人对他的期望中内化这种直接的信念。

最后，在生态系统中，个人特性被视为影响个体体验环境的方式。那么，关键问题出现了，学生如何在大学入学准备中运用自己的特性？什么样的特性优化了大学的准备状态，以及什么样的环境和条件促进了特定类型学生这些特性的发展？不同的学生如何体验环境并作出回应？学生如何主动选择和塑造他们的环境？什么样的环境特征允许、引导或抑制学生的主观能动性？这些问题都表明，研究学生大学入学准备问题的重点是要关注人与环境之间的协变因素。

---

[1] ARNOLD K D, LU E C, ARMSTRONG K J. Special Issue: The Ecology of College Readiness[J]. ASHE Higher Education Report, 2012, 38: 1-138.

3.3 行为视角

行为最简洁的定义是主体的活动，是主体对环境的反应。❶ 也有学者认为人类行为是人类为满足自身需要而产生的、为适应环境所展开和表现出来的活动，是遗传、生理、心理、社会等内外因素综合作用的结果，是个体与环境交互作用的产物。❷ 个人的行为源于个人的需要，个人的需要引起行为动机，然后，个人选择手段，确定要达到的目标，再行动实现需要的满足❸（见图 3-3）。

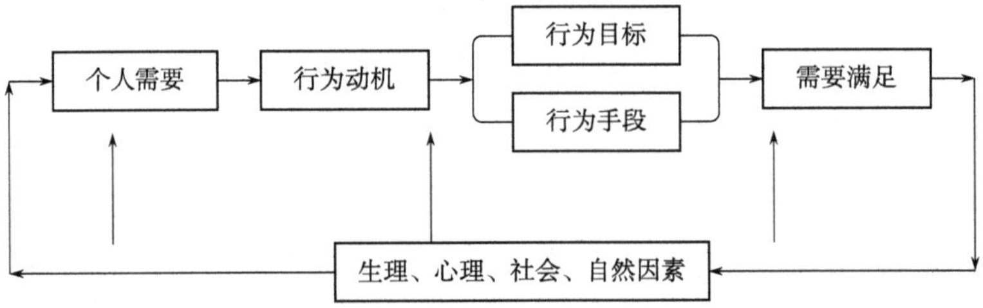

图 3-3　个人行为的一般过程

3.3.1　学生学习行为的相关理论

学习是由经验导致的有机体的行为、思想或情感的相对持久的改变。❹ 随着行为主义学习理论不断深入发展，越来越多的研究开始探究学生在学校期间会发生什么变化，以及这些变化产生的过程，一些理论研究的核心

❶　汪新建. 人类行为与社会环境[M]. 天津：天津人民出版社，2008：2.

❷　龚晓洁，张剑. 人类行为与社会环境[M]. 济南：山东人民出版社，2011：4.

❸　彭华民. 人类行为与社会环境[M]. 第三版. 北京：高等教育出版社，2016：6.

❹　罗伯特·J. 斯滕伯格，温迪 M. 威廉姆斯. 斯滕伯格教育心理学[M]. 姚梅林，张厚粲，译. 北京：机械工业出版社，2012：22.

概念与学生大学入学准备度高度相关，如学生卷入、学生参与、支持与挑战等。这些理论的研究对象既涉及高等教育阶段的大学生，也有指向高中教育阶段的学生。本研究期望通过这些理论的解释来探究学生在发展大学入学准备过程中的行为特征。

3.3.1.1 学生卷入理论

阿斯汀在其“I-E-Q”理论的基础上进一步深入提出了学生卷入概念，他指出此概念有助于解释环境如何影响学生个体在认知和情感方面的发展。阿斯汀的学生卷入理论的基本框架包含以下几个基本的假设：①卷入意味着个体生理和心理能量在某一领域或者对象上的投入；②无论卷入的对象如何，卷入的发生是一个连续变化的过程；③卷入同时具有质和量的成分；④学生进步程度的大小与其在教学活动中的投入水平成正比；⑤任何教育措施的效能与其增进学生卷入的效果都直接相关。同时，他认为学生在发展中的收获很大程度上取决于外部政策供给引起学生卷入的程度。由此看来，学生卷入可以成为解释学生入学准备行为的有力证据（见图 3-4）。

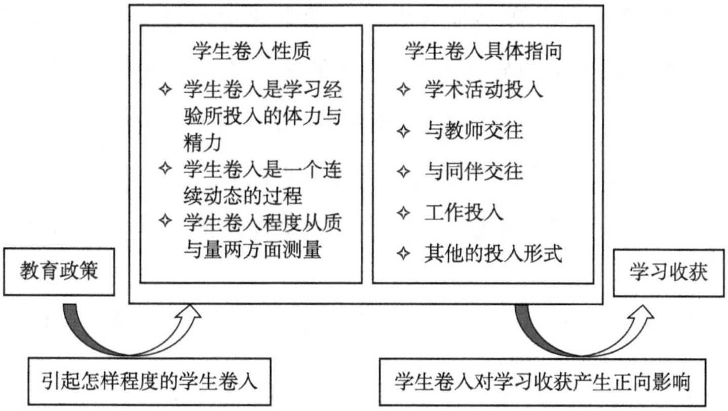

图 3-4 阿斯汀的学生卷入理论

阿斯汀在后续的研究中又指出，学生卷入涉及具体指向，即与教师、同伴的交往，学术活动方面，工作方面及其他形式的投入，这些具体的投入形式对学生成绩影响、学术表现力及人际交往的发展都具有正向相关。❶在阿斯汀看来，一名学习中高度卷入的学生是指，在学习、校园活动、校园学生组织及师生交流互动中投入时间和精力较多的学生。同时，这些高度卷入的学生对待学习的热情较高，并能积极思考，而那些未卷入或者低卷入的学生往往忽视学习，在校园活动中投入较少时间，逃避课堂学习，参与课余活动但较少与教师及同伴接触和交流。❷ 因此，学生卷入越深，其思维活动便越活越，自主性发挥便越完全，学习效果也会越好。❸ 阿斯汀的学生卷入理论还重点关注了教育环境对学生卷入的影响，他认为教师应运用恰当的语言、对话等教学方式，同时能“因材施教”促进学生的卷入，包括那些学习困难的学生。阿斯汀还认为家庭环境也会影响学生的学习卷入程度，因此在学生发展上只有通过营造良好的教育环境才能实现学生才智发展的最大化。

3.3.1.2　学生参与理论

大量的教学实践表明，受教育者对教育活动的参与是一切教育能够取得成效的前提。❹ 格林伍德的研究发现，学生课堂参与程度与教育教学效果直接相关，很大程度上决定了学生是否在学校教育中获得真正发展，是他们取得学业成就、学习进步的关键因素。❺ 斯金纳等人的研究发现，课堂参与是学生学业成就、升级与留级、可否顺利毕业，以及逃学、旷课等行为变量的强力预测因素。❻ 弗雷德里克等人对个体层面的学生参与理论研究作

---

❶ ASTIN A W. Student Involvement: A Developmental Theory for Higher Education[J]. Journal of College Student Personnel, 1984(24): 297-308.

❷ 关文军. 残疾学生参与研究[D]. 北京:北京师范大学,2016.

❸ ASTIN A W. Involvement in Learning Revisited: Lessons We Have Learned[J]. Journal of College Student Development, 1996, 37(2): 123-134.

❹ 曾琦. 关于中小学教师对学生课堂参与的内隐观的研究[J]. 心理科学,2004(5): 1228-1229.

❺ 关文军. 残疾学生参与研究[D]. 北京:北京师范大学,216.

❻ SKINNER E A, PITZER J R. Developmental dynamics of student engagement, coping, and everyday resilience[M]. Boston: Springer, 2012: 21-44.

了全面的梳理后，提出了学生行为参与、情感参与和认知参与三个重要概念（见图 3-5），并分别解读了不同概念的具体内容。①行为参与即表现为积极的行为状态。行为参与主要包括三个层面的内容：第一层面为遵守学校的规章和班级规范，不出现逃学和捣乱行为；第二层面为投入学业活动的表现，具体表现为努力、坚持性、专注、提问和课堂讨论的贡献性；第三层面为参与学校相关活动，例如参加文艺体育比赛、参与学校管理等。②情感参与即表现为积极的情感、态度及影响他们行为参与的意愿。很多研究者认同情感参与是学生学业完成的重要影响维度，但是在具体情感参与指向中还存在一定的争议。③认知参与更多地体现在学业活动中的认知状态。弗雷德里克还指出研究者们基本是从两个层次来探究认知参与：第一层面为学生对学业任务的心理认知投入；第二层面为学生对完成学业任务的认知策略投入，例如，在参与学业活动中使用学习策略来监控、调整行为以完成学习任务。❶

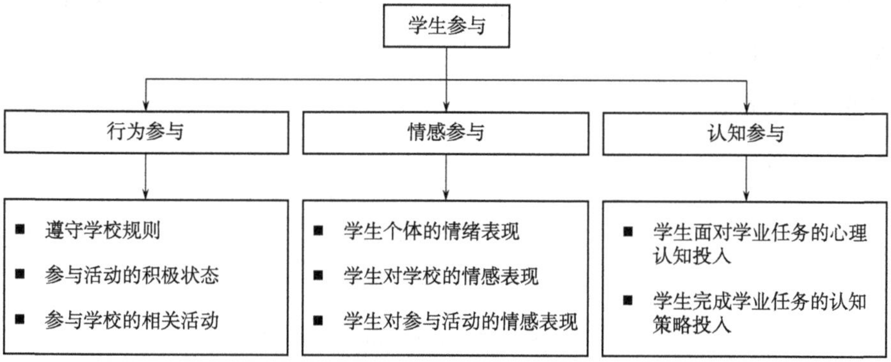

图 3-5　弗雷德里克等人关于学生参与理论的分析示意图

3.3.1.3　学生“挑战-支持”理论

桑福德在撰写《大学失败的地方：学生作为人》的研究报告时，指出要帮助学生恢复在学校活动中心的正确位置，他认为学生的学习和发展在

❶　王媛. 新疆高校本科学生参与度研究——以 X 大学为个案[D]. 北京：北京师范大学，2016.

很大程度上取决于挑战和支持的最佳平衡，同时学习和发展是由挑战和支持的互补影响来调和的；因此，作为政策制定者和教育者最重要的任务之一就是要创造学习环境，使尽可能多的学生来平衡这两者的状态[1]（见图3-6）。一般而言，支持指的是在学生有压力时给予经验或人际关系上的协助，支持显示出可以得到他人的关注、照顾、同情和温暖。学生在与有相同价值观、生活形态或志向的人生活在一起的时候可以得到更多的支持。挑战指的是在学习环境中产生的压力要素，挑战也可能反映出环境的要求与学生个人行为不相符的状态。因此，适当程度的挑战被视为是成长和发展所必要的。然而，太过于挑战性的环境会令人感到沉重甚至可能导致病态，使学生想要逃离这种环境，或是产生学习困难。[2] 因此，桑福德德认为，建立支持和挑战的平衡应该成为各级学校学生培养的主要目标。学校既要强调在构建校园学习环境方面所面临的挑战，也要期望建立起高挑战—高支持的学习环境。一方面，学校要意识到学生面临高度的智力和个人挑战，以培养学生的独立性、灵活性和问题应对能力等；另一方面，学校也要重视为学生提供舒适、便利、关怀的支持环境，这些对于学生发展大学入学准备度至关重要。

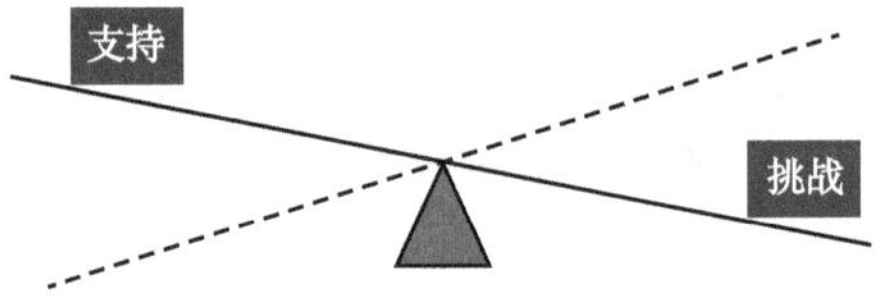

图 3-6　桑福德德的学生挑战-支持模型

桑福德德挑战概念的核心是“心理不平衡”，即一种扰乱或改变一个人先

[1] 克里斯汀·仁,李康.学生发展理论在学生事务管理中的应用——美国学生发展理论简介[J].高等教育研究,2008(3):19-27.

[2] LAANAN S, FRANKIE. Studying Transfer Students: Part II: Dimensions of Transfer Students' Adjustment[J]. Community College Journal of Research & Practice, 2007, 31(1): 37-59.

前理解或信念的令人不安的刺激或经验。❶ 学校生活如此丰富，原因之一是其为学生提供了一系列具有挑战性的刺激，如课堂讨论、阅读作业、与不同个体的接触、社区服务、旅行、生活学习经历等。这种支持和挑战的双重作用与学生的整体发展密切相关，其作用超越了认知和技能发展、价值观、公民责任和信仰发展。教师和学生事务人员在创造挑战与支持环境方面发挥着关键作用。因此，可以认为，学生只有在“高挑战-高支持”环境里获得的教育附加值才是最高的，也就是说这时候学生大学入学准备才能真正获得教育增值，入学质量才能得到提高。

3.3.2 基于行为视角的要素划分

3.3.2.1 学生模型

影响教学和学习的学生各方面的特征总和被称为学生模型。❷ 在教学设计理论中，学生模型是描述学生基本特征的框架，学生模型中的要素都是对教学和学习产生影响的学生个人特征要素。由于在特定的教学设计中，并非所有的学生个性特征要素都具有设计上的分辨力，因此学生模型也并非学生全部个性特征的集合，而是具有设计分辨力的个性特征要素的集合。对此有学者认为，学生模型主要包括学习风格、学习速度、认知水平、学习起点、自主行为能力、能力倾向、兴趣点、学习动机、基本观念以及情感态度的性格表现、情绪的性格表现、意志的性格表现等要素。❸ 但是由于有些个性特征具有天赋特性，很难改变，因此在教学过程中主要考虑如何适应学生的这些个性特征。而有些个性特征是文化熏陶的结果，是可以通

❶ SANFORD N. Developmental status of the entering freshman[C]//SANFORD N. American college. New York: Wiley, 1962: 253-282.

❷ 杨开成. 以学习活动为中心的教学设计理论——教学设计理论新探索[M]. 北京：电子工业出版社，2005：56.

❸ 同❷.

过教育来改变的。因此，如果这些个性特征不利于在特定文化背景下的学习，教学组织者就需要在教学设计中考虑如何改变它。[1]

3.3.2.2 以学生为中心的教学模型

在学校因素的划分方面，麦库姆斯和米勒以生活系统理论为基础建立了学习中心模型。[2] 学习中心模型认为复杂生活系统应该包括个人领域、技术领域和组织领域三个核心要素，而生活系统的平衡靠这三个要素互相影响、相互协调来实现（见图 3-7）。

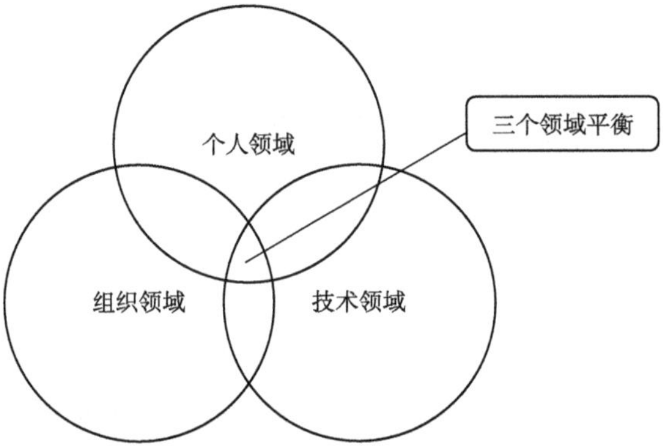

图 3-7　核心要素平衡

学校或者课堂同样可以作为一个生活系统，内含的三个领域对应的内容如下。

个人领域：人格、动机和系统中所需的人际关系（学生与同伴、教师、管理者和父母之间的关系）；

技术领域：内容标准、课程结构、教学方式和促进学习和成就的评价策略；

组织领域：支持个人和技术领域以及最终为了所有学生的动机、学习

---

[1] 杨林蛟. 英语语法在线学习系统的学生模型的研究与实现[D]. 沈阳:沈阳师范大学,2011.

[2] CORNELIUS-WHITE J H, HARBAUGH A P. Learner-centered Instruction: Building Relationships for Student Success[M]. Thousand Oaks: Sage Publications, 2009.

和成就的管理结构和政策。[1]

在以学生为中心的教学要素划分方面，美国当代学者韦默在自己的《以学习者为中心的教学》一书中，认为权利的平衡、内容的功能、教师的角色、学习的责任和评价的过程和目的五个方面构成了以学生为中心的教学主要要素。[2]

权利的平衡：韦默指出，以学生为中心的教学需要对课堂权力进行再分配，教师需要向学生转移和分享一些能够直接影响他们学习过程的控制权。通过对学生进行赋权，实现教师和学生之间新的权力平衡，让学生获取控制学习过程的经验和能力，以使其更有机会成长为一个成熟的学生。

内容的功能：韦默指出，在高度信息化的社会中，学习内容促进学生的学习应该体现在：第一，内容不是被“覆盖”而是被“运用”，是培养学生能力的工具；第二，内容被用来提升学生的自我学习意识，帮助学生意识到自己作为学生的责任，懂得怎么学，并培养自己处理学习任务的能力和自信心；第三，内容为学生提供了学以致用的知识基础。

教师的角色：当教学是以学生为中心时，教学变化的一个重要方面是教师的角色，教师从讲台上的“圣人”转变为学生身边的指导者。在转换教师角色的过程中，即使大多数教师在理智上接受了这种转换的需要，但很多时候还是会抵触这种转变。韦默指出，这种转换的困难可能是多种原因造成的。

学习的责任：在以学生为中心的教学中，关于权力的平衡、内容的功能和教师的角色，都是针对教与学中教师这一端的讨论，但与此同时，学生这一端也应该做出改变。对于学生来说，他们需要意识到他们的学习行为与学习成果之间存在着一种因果联系，他们需要承担起作为独立自主的学习者需要承担的学习责任，以实现智力、学习技能和自我意识培养上的成长。

评价的过程与目的：当教学转向以学生为中心时，评价也发生了变化。

---

[1] 雷浩. 为学而教：学习中心教学的研究[D]. 上海：华东师范大学，2017.

[2] 玛丽埃伦·韦默. 以学习者为中心的教学——给教学实践带来的五项关键变化[M]. 杭州：浙江大学出版社，2006：17-81.

提到对学生的评价，教师首先想到的就是学生的分数。学习被认为是一种自发产生的过程，是教学评价过程的必然结果。韦默认为，分数固然是用来衡量学习且与学习无法分开的，但在分数与学习之间的关系上，有三种夸大二者之间关系的观点需要修正：一是认为分数能够精确地衡量学习；二是认为分数是对学习的客观评价；三是认为分数和评价过的作业能促进高质量的学习。

3.3.2.3 以学生为中心的14条原则

1977年，美国心理学会提出了以学生为中心的14条心理学原则，从元认知和认知、动机和情感、发展与社会及影响学习者和学习的个体差异等方面考察了现实世界学习情境下作为“整体的人”的学生的学习。关注学生内部因素与外部环境的相互作用，关注学生内在的可以控制的心理因素，关注学生的积极性和反思性，这几个领域被认为是促进学生学习的必要因素。[1] 这14条原则及要素虽然没有被完全接受，可是却体现了以学生为中心的思想。

元认知和认知因素：包括学习过程的本质、学习过程的目标、知识的建构、策略性思维、思考思维、学习背景；

动机和情感因素：包括学习动机和情感的影响、内在的学习动机、动机对努力的影响；

发展与社会因素：包括发展对学习的影响、社会对学习的影响；

个体差异因素：包括学习的个体差异、学习的多样性、标准与评价。

以学生为中心的14条原则形成一个有组织的体系，每一条原则都不是孤立的。其适用于不同的学校，学校可以以其作为以学生为中心的教学实践框架；教师可以以其作为基准来测量他们自己与学生互动行为的方式。[2]

---

[1] BARR R B, TAGG J. From Teaching to Learning: A new paradigm for Undergraduate Education[J]. Change, 1995(6): 12-25.

[2] 杨春梅. 高校以学生为中心的教学：理念与路径[M]. 北京：北京理工大学出版社, 2018: 11.

3.3.3　行为视角对概念构建的启示

首先，是“人在环境中”，这意味着人类的各种行为都离不开社会环境。尽管每个人都是独立的且都不相同，但是个体的生活、学习等活动总是与他人的生活，与环境中的多种因素、多种系统相互交织、相互影响。

其次，从学生与外界的行为关系来看，学生对学习活动的卷入、参与程度都会影响学生的学习结果，而学生入学准备度的发展又取决于学生学习过程中面临的“挑战”与获取的“支持”之间的平衡状态。当环境支持过度或者不足时，均有可能不利于学生大学入学准备度的发展。

再次，教师及学生事务管理人员积极为学生创设良好的成长与学习环境的支持行为能够有效促进学生的主动学习，而这种环境的创设及支持的行为又受到社会、学校及个体的差异等多方面影响。

最后，作为学习者，学生的个人特性是发展大学入学准备度的关键因素，只有学生为自己设定的高等教育目标积极付诸行动时，才能提高入学准备的水平，而在这一过程中，教师等其他相关人的投入行为也会产生重要影响。

3.4　概念框架的构建

3.4.1　核心要素的划分原则

3.4.1.1　基于整体性原则的划分

生态系统的特征之一就是要立足整体，统筹全局，科学地协调各部分的关系，以求整体的优化。教育生态学强调教育与周围环境之间的物质、能量、信息交换过程，强调教育与环境之间的相互依存、相互适应关系。❶同时也强调社会及学校是由各个要素有机联系而构成的一个网络系统，其中任何一个成分都不能随便脱离其他成分，系统的任何一个成分都不能无限制地发展，即便它有这样的可能性。❷ 因此，在教育活动中不能简单地把教育和教育对象作为单个有机体来认识。对于问题的核心要素划分要以整体、联系、平衡为理念，对教育与外部生态环境之间，教育内部间的各环节、各层次的关系进行分析，才能反映整体性的生态系统特征。

3.4.1.2 基于主要性原则的划分

生态因子的变化会对整个生态系统产生强、弱、直接或间接的作用，因此生态因子就出现了主要与次要之分。❸ 又如美国生态学家雷格斯认为，系统中的因素可以分为无感因子和敏感因子两种。无感因子是指那些与研究内容没有大的关系，在选择影响因素时可以忽略不计的因子；敏感因子则是指那些与研究内容有直接相互依赖、交互影响关系的因子，这才应该是研究关注的重要因子。❹ 因此在研究时，对具体的核心要素及维度划分选择上，依据研究对象所在地区的社会、经济、教育等发展的实际现状及学生学习和发展的特点，对涉及的主要因素和次要因素进行了取舍。

3.4.2 核心概念框架的确立

结合上述研究视角和划分原则，本研究对大学入学准备度概念框架的构建主要包括三个部分：一是学生入学准备度的要素部分；二是入学准备度的环境影响要素部分；三是入学准备度的状态部分（见图 3-8）。

---

❶ 毛勇，胡四能. 教育生态学视角下的人口、资源、环境对高等教育的影响[J]. 江西教育科研，2005(7)：21-24.

❷ 董立均. 来华留学生教育生态及其优化研究[D]. 长春：东北师范大学，2015.

❸ 殷世东，靳玉乐. 回归与运作：生态取向学生发展[J]. 东北师范大学学报（哲学社会科学版），2015(2)：155-159.

❹ 凌烨丽. 高校思想政治教育生态论[D]. 南京：南京师范大学，2012.

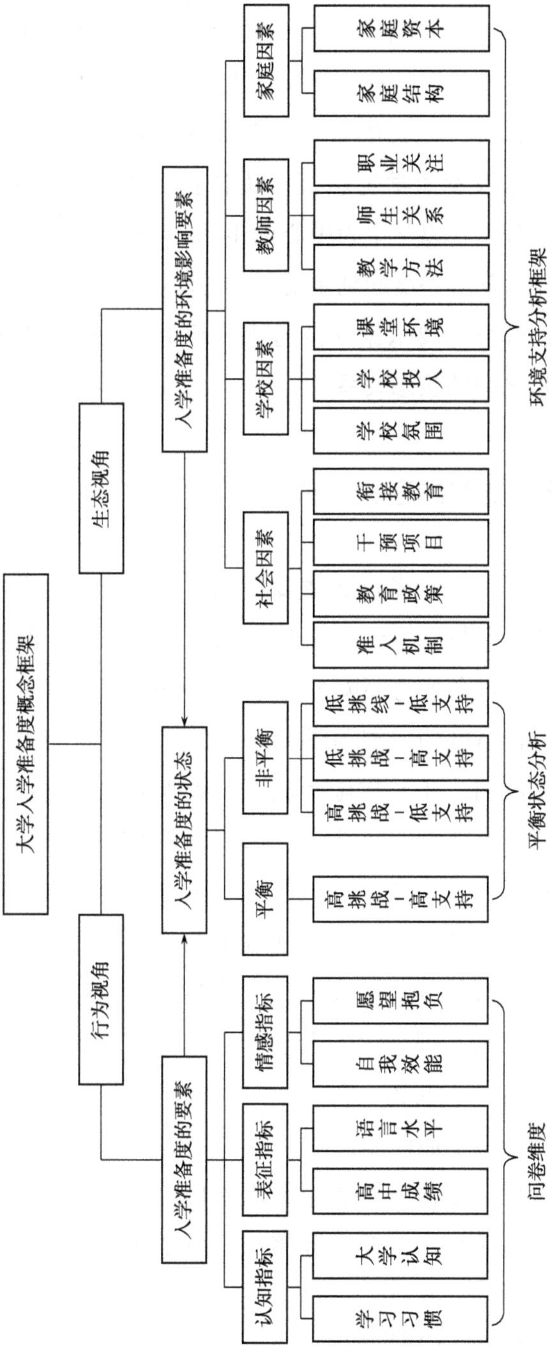

图 3-8　大学入学准备度的概念框架

在个人特性要素部分，主要依据国内外学者类似研究的要素划分方法、结论及布朗芬布伦纳的“PPCT 模型”，从微观、中观、外部和宏观层面剖析发展大学入学准备度学生应具备的个人特性及主要特征指标。

在环境影响要素部分，主要依据环境支持对学生发展大学入学准备度的影响关系及结果，以及参照学生模型、以学生为中心的教学模型和学生卷入理论、学生参与理论、以学生为中心的 14 条原则的要素划分类型，挑选出对学生发展大学入学准备度起到主要影响的环境要素。

概念框架的中间部分主要依据支持与挑战理论来反映学生大学入学准备度发展与环境支持之间的状态关系。

3.4.3 核心要素内在关系说明

本研究以学生大学入学准备度为主要观测指标，对学生进入大学前的各种环境影响因素进行分析，尝试建立起“以学生为中心”的生态教育支持环境。学生大学入学准备度与环境之间的支持与挑战平衡关系如下。

第一，大学入学准备度的发展与学生所处的环境息息相关。生态系统的观点表明，大多数项目、干预措施和教育政策未能改善学生大学准备状况的原因在于它们未能改变学生发展的生态环境。[1] 例如，许多教育政策和学校改革举措的目的是帮助那些家庭低收入学生更好地做入学准备、被大学录取、获得资助并完成学业。尽管这些改革的前景被大众普遍看好，但是由于教育者、组织及政策都无法改变在经济和教育上有困难的学生的背景和生活过程，因此提高这部分学生大学入学准备的水平将会受到一定的影响。另外，当教育者、研究者和政策制定者关注个体与多个环境之间的相互关系时，他们就能够更加理解大学入学准备过程并实行更有效的干预。因此，只有在了解大学入学准备的各个要素基础上，通过关注学生角色之间的重叠并提供各种有吸引力的学习环境来适应个体差异，并使环境的复

[1] ARNOLD K D, LU E C, ARMSTRONG K J. Special Issue: The Ecology of College Readiness[J]. ASHE Higher Education Report, 2012, (38): 1-138.

杂性和学生受到的支持相平衡，这样的教育实践才会最有效。

第二，发展入学准备度是对“以学生为中心”学习环境改造的切入点。针对学生入学准备问题的研究，是因为当前学生进入大学前的入学准备问题比较普遍，也较为具体，大学入学准备度能够集中反映学生进入大学前的学习环境和学习状态。一方面，学生入学准备的水平能够反映学生进入大学学习初期的主要矛盾。另一方面，学生在进入大学初期自主意识、能力和技能都尚未得到全面发展，个人学习状况受环境影响较为明显，还有很多学生可能会出现学习适应的诸多问题，而这些问题产生的实质原因更多地指向了学生高中阶段的教育状况。以入学准备度问题作为对“以学生为中心”学习环境改造的切入点，是因为学生入学准备问题在通常情况下被隐藏于学生获得高等教育入学机会的结果里，就像学校和家长更加看重的是以大学录取通知书为“检验标志”的高中学习阶段的成果，究其深层次原因还在于整个社会生态系统对大众潜移默化的影响。在以“学生为中心”的教育环境中，学校及教师能够意识到学生向大学过渡应该具备的各种知识和技能，并能够通过有效的政策干预及学校教学活动帮助学生进行角色转换，促进学生成为一个有效的学习者。但是，在传统模式教育下，学生的学业挑战和环境支持之间发生不平衡，很多学生即使能够进入大学，但不一定能够证明他为大学学习做好了各种准备。因此，学生入学准备度问题是改进高等教育质量的一个聚焦点。对学生入学准备度问题的研究不单以促进学生入学为目标，而是要“标本兼治”，通过入学准备度问题对“以学生为中心”的教育环境进行系统改造。

第三，“挑战-支持”的平衡是构建“以学生为中心”范式的依据。学生入学准备度的水平是支持与挑战因素共同作用的结果，而教育者的重要任务之一就是要为学生创设支持与挑战相平衡的学习环境。在“以学生为中心”的教育教学范式中，社会、学校、教师和家庭对学生学习给予充分支持，当这些因素不能够促进学生个体发展时，学生就会出现不同程度的准备不足或者偏离的问题；相反，当这些因素干预过多时，学生也可能会出现“低迷”或“依赖”的心理或行为状态（见图 3-9），因此，借助学生学习挑战与外界环境支持的平衡系统，可以帮助学校和教师来平衡学生学业挑战度和环境支持水平。具体而言，本研究借助大学入学准备度指标，分析样本大学学生入学前的“挑战–支持”类型与环境作用的机制。借助SPSS等数据处理软件分析影响学生大学入学准备度的复杂因素，同时结合文本和访谈资料进一步探讨学生个体与各种环境系统的互动行为，即分析社会因素、学校因素、教师因素和家庭因素等对学生发展大学入学准备度的影响。研究目的在于通过对不同影响因素的梳理，凝练以“学生为中心”的高等教育入学质量改革与提高的行动方向。

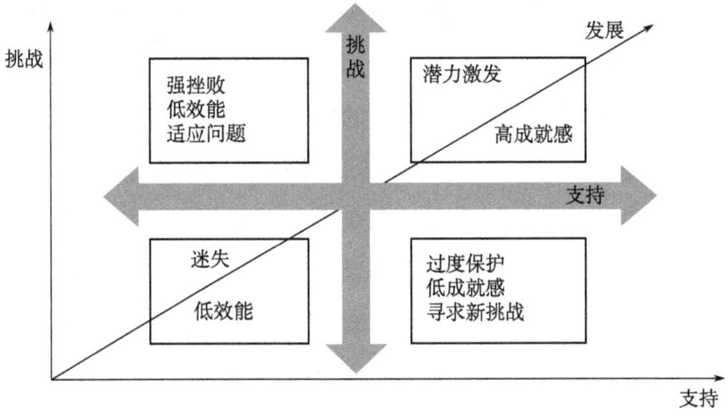

图3–9 发展学生入学准备度的平衡状态模块

3.5 本章小结

本章主要基于生态视角和行为视角的相关理论对学生入学准备度要素和环境影响要素部分进行了划分，并以此为基础构建了学生入学准备度的概念分析框架。首先，生态系统理论的“PPCT模型”比较契合地分析了学生发展大学入学准备度所涉及的各种环境系统，以及各种环境系统中可能对学生入学准备度产生影响的所有因素，这有助于研究者初步勾勒出学生大学入学准备度的概念框架；其次，学生发展大学入学准备度是个体行为，但是受到各种环境系统的影响，尤其是与学生学习行为发生近端关系的人或物，他们在学生发展入学准备度的过程中扮演着关键的角色，也决定着学生“支持与挑战”教育生态环境的建构；最后，依据有关理论对本研究划分出的核心要素及关系进行了解释和说明，在此基础上，最终建立了学生大学入学准备度分析的概念框架。

第4章

研究设计

本章主要根据研究需要和研究目的，以相关理论为研究基础，提出本研究总体的研究思路和研究方法，并详细介绍本研究的问卷调查设计和访谈调查设计。

4.1 研究基本思路

① 本研究主要以甘肃、青海和新疆三省（自治区）普通高校大一本科生为抽样对象，通过调查和对比分析，呈现西部地区高校大学生入学准备度的现状。借助于本研究的概念分析框架，通过问卷调查与统计，获取样本地区大学生入学准备总维度和各分维度的数据结果，分析学生入学准备度所处的状态水平区间。

② 分析影响学生大学入学准备度发展的主要因素。依据生态和行为两个理论视角，以学生入学准备度的调查数据和统计结果为基础，利用访谈调查、制度文本分析等方法对影响学生大学入学准备度的环境因素进行深入分析。

③ 提出改进和发展学生大学入学准备度的建议和对策。通过对大学生

入学准备度与环境支持的相互影响关系及结果分析，构建有助于“以学生为中心”的生态教育环境，为发展学生大学入学准备度提出对策及建议。

4.2 “挑战-支持”平衡的类型

本研究主要从生态与行为两个理论视角来研究西部地区普通高校大学生入学准备度问题。因为大学生的入学准备水平是学生面临的挑战与获取的支持之间相互平衡的结果，桑福德将学生“挑战-支持”的类型划分为：高挑战-高支持、低挑战-高支持、高挑战-低支持、低挑战-低支持四种。“高挑战-高支持”是学生发展入学准备度的最佳平衡状态，即学生能够努力完成自己设定的学习目标，获得较高的成就感，发展空间也最大；“低挑战-高支持”类型的学生基本不屑于完成学习目标，成就感较低，也时常因为被过度支持，不能最大程度地激发学生的发展潜力；“高挑战-低支持”的学生时常表现出无力达成学习目标，挫败感强烈；“低挑战-低支持”学生基本处于“放任”状态，学习的卷入和参与程度较低，而且自我迷失的可能性较大。因此，本研究根据桑福德对学生“挑战-支持”的类型划分，也将大学生入学准备度与环境支持水平之间的关系类型划分为四种类型（表 4-1）。

表 4-1 “挑战-支持”平衡的类型划分

序号	环境支持水平	入学准备度	平衡与否	类型
1	高	高	平衡	高挑战-高支持
2	高	低	不平衡	低挑战-高支持
3	低	高	不平衡	高挑战-低支持
4	低	低	不平衡	低挑战-低支持

4.3 研究方法

本研究综合运用系统分析法、个案研究法及定量与定性相结合的研究方法，深入探讨西部地区高校大学生入学准备度的现状，以及入学准备度发展所面临的环境支持问题，分析影响大学生入学准备度的主要因素，并在此基础上提出改进西部地区高校大学生入学质量的可行化对策和建议。

① 系统分析法。系统分析就是对一个系统内的基本问题，用系统的观点进行思维推理，在确定与不确定的条件下，探索可能采取的方案，通过对比分析，为达到预期目标选出最优方案的一种研究方法。[1] 有学者认为，系统分析方法是用来研究复杂问题，对复杂系统进行分析或设计的。[2] 本研究将利用系统分析法对影响西部地区高校大学生入学准备度的各种系统环境因素进行深入探究，收集和处理有关资料与数据，并在此基础上建立起必要的概念分析框架，对可能采取的方案进行选优，最终成为研究者解决问题、形成对策建议的主要依据。

② 案例研究法。案例研究法是指采用各种方法，搜集有效、完整的资料，对单个或者一组对象进行深入细致研究的方法，其任务是揭示研究对象形成、变化的特点和规律，以及影响个案发展变化的各种因素，并提出相应的对策。[3] 也有学者认为其是研究复杂教育问题的重要方法。[4] 本研究选取甘肃、青海和新疆三省（自治区）具有代表性高校的本科大一新生作为个案，通过问卷、访谈和对学生的综合评价等多种途径，不断收集研究资料，获得研究对象发展变化的第一手材料，了解他们在获得高等教育机

---

[1] 毛磊. 第七讲系统分析方法[J]. 中国社会医学，1987(4)：55-57.

[2] 叶庆余. 管理系统分析[M]. 北京：中国铁道出版社，1989：73.

[3] 周抒. 基于小专题利用有效性的个案研究[J]. 青少年日记（教育教学研究），2018(S1)：52.

[4] 金哲华，俞爱宗. 教育科学研究方法[M]. 北京：科学出版社，2011：173.

会前的入学准备状况，具体分析影响入学准备度发展的主要因素，据此提出今后改善学生大学入学准备的各项建议。

③ 量化与质性相结合的研究方法。首先，量化与质性相结合的研究方法也是一种系统研究方法，其在于强调用一种系统研究方式、系统认识方式来对待复杂的研究对象。[1] 美国著名学者克雷斯威尔教授在解释怎样将量化研究与质性研究相结合，并且以怎样的形式呈现出来的时候，提出了四种混合设计的类型，其中一种是“三角互证测量型设计”（见图 4-1）。在该设计中，要求研究者同时、同等地使用量化和质性的方法，这样既可以对量化的数据和质性的研究结果进行比较，又可以用质性的分析结论来验证或充实量化数据分析无法揭示的结论。[2] 从理论上讲，使用三角研究设计的目的不仅在于可以利用多种研究方法的优势来得出更完整的研究结论，而且在于它能提高研究的效度。[3]

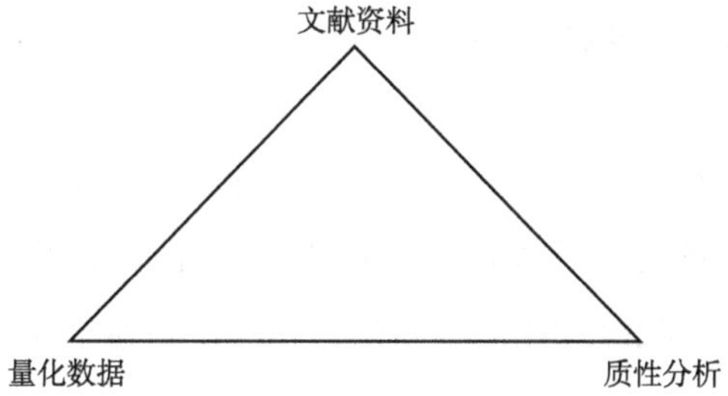

图 4-1　三角互证测量型设计研究关系

出于对研究目的的需要和科学性考虑，本研究采用“三角互证测量型设计”，通过对样本大学本科新生入学状况的问卷调查来获得量化研究数据；通过对西部三省（自治区）教育部门负责人、中学校长及任课教师、高校的有关领导、中层管理者、专业课教师、辅导员、班主任及大一本科新生的访谈来获得质性研究数据，通过查阅西部三省区高考招生情况和样本

[1] 景天魁. 现代社会科学基础（定性与定量）[M]. 北京：中国社会科学出版社，1994：19.

[2] 徐蕾. 我国应用技术型大学质量保障研究[D]. 武汉：武汉大学，2016.

[3] 詹姆斯 · H. 麦克米伦，萨利 · 舒马赫. 教育研究——基于实证的探究[M]. 北京：教育科学出版社，2013：26.

高校对于本科新生的招录办法和质量追踪报告等教育统计数据来形成研究者的文献积累，从而构成文献资料、量化数据和质性分析的三角互证关系。

4.4 问卷调查设计

问卷调查是本研究获取数据资料的重要方法和途径。希望通过问卷调查来掌握抽样高校的本科新生在获得高等教育入学机会前的有关背景信息及个人对发展大学入学准备度各项指标的态度等情况，为后期的统计分析做好准备。

4.4.1 问卷设计依据

本研究调查问卷的设计主要聚焦于对甘肃、青海和新疆三省（自治区）高校大学生入学准备问题的关注，在问卷设计上借鉴了厦门大学高等教育研究院大一新生入学状况调查问卷及国外 NSSE 问卷，在此基础上编制了高校大学生入学状况调查问卷。

本调查问卷主要包括四部分内容：背景信息、高中学习经历、语言习惯及使用情况及进入大学以后的状况，共计 30 题。

① 背景信息。大量的研究文献都揭示了学生的家庭背景对其发展大学入学准备度有重要影响。本调查问卷中所使用的背景资料信息包括：性别、民族、家庭所在地、家庭成员数量、父母的文化程度、与父母的关系、父母的职业或工作类型、家庭年收入、是否家中第一代大学生情况等。根据我国人力资源和社会保障部发布的《中华人民共和国职业分类大典（2022 年版）》，可以将学生父母的职业类型划分为 8 大类，分别是党的机关、国家机关、群众团体、企事业单位负责人，专业技术人员，安全和消防及辅助人员，社会生产服务和生活服务人员，农、林、牧、渔业生产及辅助人

员，生产制造及有关人员，军队人员，不便分类的其他人员。[1]

② 高中学习经历。学生的大学入学准备主要发生在学生的高中学习阶段，因此，与之相关的高中学习环境会对学生的大学入学准备产生直接影响。在问卷调查中本部分主要考察大一新生高中期间的相关学习背景信息，如就读学校的性质、高中学费缴纳情况、高中受政策资助情况、高中学业成绩状况、计算机和网络使用情况、课外辅导情况、教师上课方式、学校投入情况、进入大学的方式、高考志愿及填报时的依据及自己对大学知识的认知等方面的信息情况。

③ 语言习惯及使用情况。许多研究文献的分析结果反映出，少数民族学生的国家通用语言水平与本民族语言使用及掌握情况对学业成就及获得高等教育机会之间存在相关性。因此本部分重点考查学生国家通用语言的学习现状，特别是对国家通用语言的掌握程度、学习过程中对语言选择的态度和意识等。

④ 进入大学以后的状况。国内外很多研究者的分析结论都认为，学生的大学入学准备水平状况将影响学生进入大学以后的学习适应及发展。在本部分调查中主要考查学生进入大学以来的各种认知、能力和身心发展的情况及对所读大学及专业的满意度状况。

4.4.2 问卷的结构与维度

根据研究视角及本研究构建的概念框架，问卷的结构与维度设计主要从环境系统与学生发展大学入学准备度间的影响关系出发，因此入学准备度与环境影响两方面因素构成了问卷的主要结构（见表4-2）。在具体的维度与变量选择时，根据抽样地区高校教育发展的现实情况及学生学习的特

---

[1] 中华人民共和国人力资源和社会保障部. 关于对《中华人民共和国职业分类大典（2022年版）》（公示稿）进行公示的公告［EB/OL］.（2022-07-12）［2022-11-19］. https://www.mohrss.gov.cn/SYrlzyhshbzb/zcfg/SYzhengqiuyijian/202207/t20220714_457833.html.

点对有些因子进行了取舍。

表 4-2　大学入学准备度分析的维度与变量

主题	维度	描述
入学准备度	学习习惯	高中时期不需要提醒，能自主地学习；经常对学习效果进行自我评估；学习上有困难会寻求老师或同学的帮助；课堂上会主动提问和参与讨论；课后能认真地完成作业；能有效地利用课余时间学习
	大学认知	高中期间对大学的知识进行了解；对大学管理方式进行了解；对大学的收费标准进行了解；预修或补习过大学有关课程；亲友或他人经常讲述大学的有关信息
	成绩准备	高中学业水平考试成绩状况；学生高考模拟考试的成绩水平；学生高考成绩的水平区间
	语言水平	国家通用语言文字水平能满足高中阶段学习的需要；国家通用语言文字水平能适应大学阶段的学习；学习国家通用语言文字为生活学习带来了收获与快乐
	自我效能	高中时期课程学习能力评价；高中时期的自我成绩评价；高中时期的人际交往能力反映；对将来考上大学的信心
	动机愿望	希望通过上大学来改变自己的命运；希望通过上大学来改变家庭经济状况；希望通过上大学来改变家乡的面貌；高中时期对大学生活的向往；想拥有大学学位的愿望；希望进入大学后能获得全面发展与提高
环境支持	政策支持	在高考录取时享受加分政策；对不同群体实施高考加分的态度；高中阶段享受生活困难补助等政策情况；针对高考学生，学校会提供很多学习帮扶计划
	学校投入	高中学校会邀请大学老师来校讲座；高中学校会组织学生到大学参观；高考结束后会组织志愿填报辅导活动；高中学校对高考成绩优秀的学生进行奖励
	教师行为	高中教师都能很好地讲好自己的课程；高中教师会经常介绍大学的专业知识；高中教师会经常介绍社会的职业特点；高中教师会采用灵活的授课方式；高中教师非常注重课堂互动；高中时期师生关系非常亲密
	家庭投入	学生家庭经济情况能够负担高中学费等学习开支；父母在高中时期为学生找过家教或课外辅导；父母为提高学生的学习质量购置过电脑等辅助学习设备

续表

主题	维度	描述
大学表现	身心状态	进入大学以来有更明确的学习目标；进入大学以来的学习方法很有成效；进入大学以来身体素质得到了提高
	学习能力	进入大学以来的分析和推理能力得到提高；进入大学以来的独立思考与自我管理能力得到提高；进入大学以来的考试能力和学业成绩得到提高
	满意程度	对目前的教育政策与管理制度感到满意；对目前就读的大学感到满意；对目前所学专业感到满意

注：问卷中第一部分的基本信息包括：性别、民族、专业、家庭所在地、父母的文化程度、家庭收入、第一代大学生情况、高中性质。

4.4.3 样本大学的选择

对于样本大学的选取，本研究采用了目的抽样的方法，以便对大学生入学准备度的影响因素进行深入分析。本研究选取西部地区三省（自治区）9 所普通高校作为研究对象主要基于以下考虑：①办学性质。就办学性质与办学层次而言，甘肃、青海和新疆三省（自治区）只有 1 所“985”高校，4 所“211”高校（兵团所属 1 所）；2022 年 2 月，教育部、财政部、国家发展和改革委员会公布的《第二轮“双一流”建设高校及建设学科名单》，甘肃、青海和新疆各有 1 所高校入选。本研究从甘肃、青海和新疆三省（自治区）各选取 3 所本科高校（见表 4-3），9 所样本高校办学层次涵盖了研究生和本科教育，综合办学特征明显。②办学规模。西部地区高校的总体办学规模与沿海地区省份存在较大差距，本研究抽样的高校，其办学规模及生源分布情况与三省（自治区）内其他本科高校基本类似。③专业设置。抽样的 9 所高校共涵盖了教育部本科专业目录中的 12 个学科门类。就发展水平而言，9 所样本高校的办学规模和办学实力与三省（自治区）内其他本科高校相比处于较领先地位，因此，将他们作为研究对象具有较强的代表性。

表 4-3　西部三省（自治区）高校抽样情况

地区	学校
甘肃省	西北师范大学、西北民族大学、甘肃农业大学
青海省	青海大学、青海师范大学、青海民族大学
新疆维吾尔自治区	新疆大学、新疆师范大学、新疆农业大学
小计	9 所

4.4.4 抽样方案

根据 9 所学校学生教育教学的实际情况，按照分层抽样的设计依据，在分层时主要考虑了学院、系别、民族、专业等因素。按照样本总体数量的要求，将每个学院的样本量“配置”下去，形成本研究具体的抽样方案（见表 4-4）。

表 4-4　学生正式抽样方案

学院类别	性别	民族	小计
学院 1	男	汉族、少数民族	…
学院 2	女	汉族、少数民族	…
⋮	⋮	⋮	⋮
小计			总计：　人

4.4.5 样本的总体特征

本研究参照教育部 2020 年颁布的《普通高等学校本科专业目录》，对抽样学生的学科专业等背景分布情况进行分类编码；问卷的抽样民族比例主要依据甘肃、青海和新疆三省（自治区）汉族与少数民族的分布特征及实际比例进行，并对抽样的高校本科大一学生的家庭背景情况进行分类编码；问卷的抽样性别比例主要依据样本大学在校生中的男女生实际比例进行了分配，具体见表 4-5、表 4-6 及表 4-7。

表 4-5　抽样的专业特征分布情况

专业	人数/人	百分比/%	有效百分比/%	累积百分比/%
文史类	2060	56	56	56
理工类	1619	44	44	44
总计	3679	100	100	100

表 4-6　抽样的民族特征分布情况

民族	人数/人	百分比/%	有效百分比/%	累积百分比/%
汉族	2763	75.1	75.1	75.1
少数民族	916	24.9	24.9	24.9
总计	3679	100	100	100

表 4-7　抽样的性别特征分布情况

性别	人数/人	百分比/%	有效百分比/%	累积百分比/%
男	1450	39.4	39.4	39.4
女	2229	60.6	60.6	60.6
总计	3679	100	100	100

4.4.6　问卷的信效度分析

由于抽样的数量较大，在问卷发放前，研究者专门对问卷辅助人员进行了填写指导培训，避免因部分学生对题目和答案产生误解，导致问卷有效性降低。为了简便起见，问卷调查利用样本高校固定举行的班会等活动时间进行。

4.4.6.1　问卷的信度分析

信度是指测量结果的稳定性程度，是衡量教育与心理测量工具的主要指标之一，本研究以内部一致性系数（即 Cronbach' s Alpha 系数）来考察问卷的信度。问卷回收后，通过 SPSS 数据统计处理软件，首先检查信息缺失问卷，然后对一致性作答和空白等无效问卷进行了剔除。结果发现，本问卷的内部一致性系数为 0.928（见表 4-8）。根据信度标准，测验或量表的信度系数在 0.7 以上是可以接受的，0.8 以上是较好的，0.9 以上是甚好的。对照上述标准可以看出，本研究编制的“西部高校本科生入学状况调查问卷”各部分信度较高，问卷的整体信度较好、统计结果可以采用。

表 4-8 学生入学准备度部分 Alpha 系数检验

克隆巴赫 Alpha	项数
0.928	53

4.4.6.2 问卷的效度分析

效度是指测验能够测出它所欲测特质的程度。[1] 在考察各变量之间的相关性时，本研究对“西部高校本科生入学状况调查问卷”进行取样适当性建议，以 KMO（Kaiser-Meyer-olkin Measure of Sampling Adequacy）统计量和球形检验（Bartlett’s test of sphericity）来判定，KMO 值越大，表明变量间共同因素越多，越适合进行因子分析（见表 4-9）。

表 4-9 学生入学准备度部分 KMO 和 Bartlett 检验

KMO 取样适切性量数		0.913
巴特利特球形检验	近似卡方	17 288.635
	自由度	351
	显著性	0

根据 1974 年凯撒的研究观点，KMO 系数达到 0.9 时，非常适合进行因素分析。本研究在对数据统计后的结果显示，调查问卷的 KMO 值为 0.913，巴特利特球形检验的卡方统计量为 17 288.635（自由度为 351），其显著性水平为 0.000，小于 0.01，这表明问卷的效度较好，具有进行分析影响因子

[1] 辛治洋，张志华. 教育科学研究：方法与案例[M]. 合肥：中国科学技术大学出版社，2012：175.

的条件。

本研究采用主成分分析法对所涉及的量表题目的数据进行因素分析，按照项目筛选标准，将所有入选的题目进行降维处理，并采用方差最大化方法对因子载荷矩阵进行旋转。通过对原始数据进行探索型因子分析得出 6 个公共因子，累积方差贡献率为 73.74%（见表 4–10），拟合模型经过 4 次迭代后收敛达到最佳效果。6 个主要成分分别命名为：学习习惯（1）、大学认知（2）、学科成绩（3）、语言水平（4）、自我效能（5）、愿望抱负（6）。

表 4–10 学生入学准备度部分因子分析解释的总方差

主要成分	初始特征值			提取载荷平方和			旋转载荷平方和		
	总计	方差百分比/%	累积百分比/%	总计	方差百分比/%	累积百分比/%	总计	方差百分比/%	累积百分比/%
1	4. 369	16. 183	16. 183	4. 369	16. 183	16. 183	4. 354	16. 127	16. 127
2	4. 148	15. 365	31. 547	4. 148	15. 365	31. 547	4. 058	15. 03	31. 158
3	3. 685	13. 647	45. 194	3. 685	13. 647	45. 194	3. 755	13. 906	45. 063
4	2. 986	11. 058	56. 252	2. 986	11. 058	56. 252	2. 963	10. 973	56. 036
5	2. 434	9. 016	65. 268	2. 434	9. 016	65. 268	2. 402	8. 896	64. 932
6	2. 288	8. 472	73. 74	2. 288	8. 472	73. 74	2. 378	8. 808	73. 74

提取方法：主成分分析法。

通过凯撒正态化最大方差法，对主成分和具体问题进行分析后，发现 26 个问题与主成分之间都呈现正态分布（见表 4–11）。

表 4–11 学生入学准备部分因子分析旋转后的成分矩阵 a

题项	主要成分					
	1	2	3	4	5	6
1. 高中时期不需要提醒，能自主地学习	0. 9					
2. 高中时期经常对学习效果进行自我评估	0. 907					
3. 学习上有困难会寻求老师或同学的帮助	0. 72					
4. 课堂上会主动提问和参与讨论	0. 874					
5. 课后能认真准确地完成作业	0. 848					

续表

题项	主要成分					
	1	2	3	4	5	6
6. 能有效地利用课余时间学习	0.845					
7. 希望通过上大学来改变自己的命运		0.778				
8. 希望通过上大学来改变家庭经济状况		0.866				
9. 希望通过上大学来改变家乡的面貌		0.775				
10. 高中时期非常向往大学的生活	0.782					
11. 特别想拥有大学学位		0.859				
12. 希望进入大学后获得全面发展		0.862				
13. 高中期间对大学的学习知识进行了解			0.854			
14. 高中期间对大学的管理方式进行了解			0.877			
15. 高中期间对大学的收费标准进行了解			0.863			
16. 高中期间预修或补习过大学有关课程			0.858			
17. 亲友或他人经常向我讲述大学的有关信息		0.873				
18. 高中时期的课程学习能力很强				0.882		
19. 高中时期的成绩比较理想				0.8		
20. 高中时期有很强的人际交往能力				0.879		
21. 对将来考上大学充满信心				0.874		
22. 国家通用语言文字水平能满足高中阶段学习的需要					0.895	
23. 国家通用语言文字水平能满足大学阶段学习的需要					0.889	
24. 学习国家通用语言文字为生活带来了收获与快乐					0.892	
25. 高中学业水平考试成绩 A 等状况						0.895
26. 高三最后一次模拟考试的成绩水平						0.883

注：提取方法：主成分分析法。旋转方法：凯撒正态化最大方差法。旋转在 4 次迭代后已收敛。

分维度和总维度皮尔逊相关性系数在 0.398～0.735，其相关性水平为 0.000，小于 0.01，这表明入学准备度各维度之间相关性显著（见表 4-12）。

表 4-12　学生入学准备度总维度及分维度相关性检验

类别		学习习惯	大学认知	学科成绩	语言水平	自我效能	愿望抱负	入学准备度
学习习惯	皮尔逊相关性	1	0.002	−0.007	0.003	0.017	0.013	0.398**
	Sig.（双尾）		0.955	0.834	0.923	0.577	0.685	0
大学认知	皮尔逊相关性	0.002	1	0.004	−0.06	0.002	−0.05	0.395**
	Sig.（双尾）	0.955		0.892	0.056	0.953	0.112	0
学科成绩	皮尔逊相关性	−0.007	0.004	1	−0.034	0.019	−0.035	0.427**
	Sig.（双尾）	0.834	0.892		0.276	0.544	0.259	0
语言水平	皮尔逊相关性	0.003	−0.06	−0.034	1	−0.042	−0.016	0.388**
	Sig.（双尾）	0.923	0.056	0.276		0.181	0.619	0
自我效能	皮尔逊相关性	0.017	0.002	0.019	−0.042	1	0.002	0.408**
	Sig.（双尾）	0.577	0.953	0.544	0.181		0.955	0
愿望抱负	皮尔逊相关性	0.013	−0.05	−0.035	−0.016	0.002	1	0.346**
	Sig.（双尾）	0.685	0.112	0.259	0.619	0.955		0
入学准备度	皮尔逊相关性	0.398**	0.395**	0.427**	0.388**	0.408**	0.346**	1
	Sig.（双尾）	0	0	0	0	0	0	

注：** 表示在 0.01 级别（双尾）的相关性显著。

4.5　访谈调查设计

本研究进行访谈调查的目的是分析影响高校本科新生大学入学准备的主要因素及各因素之间的关系程度。因此，研究需要对相关领域的专家、决策者、管理者、教师及学生进行访谈、座谈。

4.5.1 访谈对象的确定

有学者运用米歇尔的分析维度对高等教育利益相关者进行了细致的分类。[1] 从总体划分情况来看，教师、学生、出资人、政府是高校中的权威利益相关者，因而，本研究拟采取“综合抽样”方式，通过访谈与座谈的形式对不同领域人员的价值观及其对问题的感受进行统计和分析。

① 教育行政部门的负责人。教育厅是代表政府行使教育行政职能的最直接单位，教育厅所属的发展规划处、学生处和招生办公室是具体负责落实每年招生政策、制定每年的招生计划，指导并监督各高校完成具体招生任务的业务部门；这些部门的负责人对本省高等教育及中学教育现状、高考优惠政策、录取方式、大学新生实际存在的问题有较为直接、客观的认识，因此本研究选取西部三省（自治区）教育厅相关处室的负责人进行相关访谈。

② 学校职能部门负责人。学校功能的发挥依托于学校职能部门间的分工与合作，各个部门负责人处于承上启下的重要地位，是将上级管理层的思想意志转化为具体行为、措施的关键人物。因而，有必要通过部门负责人了解对学校发展的客观评价，以及获取不同级别负责人对学校教学环境和学生教育情况的建议或意见等。本研究中涉及的主要职能部门负责人有：高校招生办公室、教务处、学生工作处负责人及高中学校的教务主任、年级组长等。

③ 高中校长。学生发展大学入学准备度主要发生在高中的学习环境中，作为一所学校的法人代表，高中校长对本校的学生构成、教师情况、课程设置、校园基础设施、政府投入、学校的学风和校风等情况均有直接感知，同时对于学生在参加高考及被大学录取的过程中遇到的问题也有清晰的认知，对当前高中与大学的关系及教育衔接的程度也最有发言权，对家庭与学校合作共同培养学生的状况也有体验，因此高中校长是本研究重要的访谈对象。

---

[1] 胡赤弟. 教育产权与大学制度构建的相关性研究[D]. 厦门:厦门大学,2004.

④ 任课教师。学校任课教师是学生学习的直接负责人，学生有很长时间是跟随专业课老师进行学习。因此，专业课老师能通过与学生的课业讲授、课堂互动、作业批阅、成绩评定、课下咨询辅导等途径了解学生的真实学习水平。高校及高中学校的任课老师承担着一定的学生思想政治教育与管理任务，他们可以通过走访学生宿舍、到学生家里进行家访等形式来了解自己承担教学任务的班级学生在日常生活中的表现情况。

⑤ 学生工作人员。学生工作人员是辅助学生学习及学习需要的专业人员，与学生接触频率较高。学生工作人员对学生活动的组织和发展、学生遇到的问题和阻力等都有较为清晰的认识。本研究涉及的学生工作人员主要包括：辅导员、班主任，以及学校学生管理科、德育处、保卫处等职能部门人员。

⑥ 学生。学生作为构成学校教育系统的核心要素之一，不仅对自身学习能力和发展状况有最切身的感受，也对学校环境下组织和开展的一系列学习支持活动有最直接的体验，同时对在家庭环境、高中环境和大学环境的转换与适应中出现的细微变化都会有清晰的感知，因此学生是本研究主要的访谈对象。本研究主要根据学生的民族、性别等因素进行抽样并分类编码（见表 4-13）。

表 4-13 受访人员背景资料情况

序号	编码	民族	性别	家庭所在地类型
1	ssmb-1	少数民族	女	城市
2	ssmn-2	少数民族	男	乡村
3	hzdy-1	汉族	女	乡村
4	hzdy-2	汉族	男	城市
⋮	⋮	⋮	⋮	⋮

4.5.2 访谈的程序

① 编制访谈提纲。根据不同的研究目的和研究对象的特点，本研究自

主设计包括教育行政单位相关负责人访谈提纲、学校行政及管理人员访谈提纲、任课教师访谈提纲、中学校长及学生工作人员访谈提纲等在内的访谈工具，并在具体访谈中依据管理人员、任课教师等对象的学历、职称、职务情况及学生对象的家庭背景等信息在访谈的针对性内容方面进行适当修改和调整。

② 完善访谈提纲。采用参照和专家意见评定两种方式对访谈提纲进行修改和完善，并选取部分访谈者进行预访谈。结合预访谈的效果情况对访谈提纲及具体内容进行必要的修订，并最终形成正式访谈提纲。

③ 开展正式访谈或座谈。在联系访谈对象并获得许可后，本研究主要采用个别访谈、集体访谈和电话访谈的形式。对教育行政单位负责人、学校及部门负责人、专家学者进行每次持续 20~30 分钟的个别访谈或电话访谈；分别对辅导员、班主任和任课教师进行每次持续 30~45 分钟的个别访谈或座谈；对学生进行每次持续 45~60 分钟的座谈。

4.5.3 研究方法的局限性

① 被研究对象的局限性：根据国家对少数民族学生进行预科教育政策的规定，所有当年录取的少数民族大一新生要进行 1~2 年的预科教育。部分样本高校在对学生、学院、班级的划分上，大致只是区分了本校预科生和协作高校预科生两种情况，并没有严格按照学生高考所录取的学院、专业进行划分，这样一来增加了对学生专业背景掌握的难度，因此，要在访谈选取样本时重点进行辨析。

② 数据资料获取的局限性：在收集时效性数据的时候，无论是各省（自治区）招生办公室还是高校招生办公室，每一年的招生数据中，学生高中时期的背景信息在其官方网站等信息平台上都是星星点点、或有或无，这对研究者的原始数据搜集造成很大困难，通过其他渠道和方式进行征集时也存在访谈对象“不情愿”“不理解”等相对不支持的态度。在访谈中，涉及录取计划的调剂、最终执行情况、学校录取的学生最低分数及中学为

提高大学录取率采取的“特殊举措”等敏感问题时，访谈对象基本都表示难以告知。因此，对这些数据只能通过其他办法进行采集。

4.5.4 研究的伦理与道德问题

① 本研究是在生态与行为的理论视角下，关注西部地区高校大学生入学准备度问题。其核心思想是通过调查大学生入学准备现状及环境支持的水平，分析影响学生发展大学入学准备度的主要因素，并提出改进方法，最终目的是促进学生高等教育入学质量的提高、促进学生全面发展。在整个研究过程中，一直秉持民族平等、生态平衡的思想来看待现实问题。

② 研究充分尊重学术伦理道德规范和原则。在问卷调查、访谈及收集文本分析之前，对研究对象及负责人明确公开了本次研究的目的、用途及可能涉及需要公开的相关信息，在征得被调查者的同意后开展研究；在题目设置时，审思问题在道德上的可接受性，并对有可能偏离道德原则的题目进行重新设定；同时被调查者有权了解研究结果，并对被误读的信息重新进行解释说明。

第5章 大学准备度调查结果

5.1 本科新生的基本情况统计描述

本次问卷调查主要针对西部地区样本高校的大一新生采用纸质问卷和电子问卷两种填写方式进行发放。本研究共计发放4200份调查问卷，回收问卷3893份，问卷回收率为92.7%。通过对回收问卷的有效性进行甄选，剔除一致性作答问卷和作答率低于75%的样本共214份，保留有效样本量3679个，有效样本率为94.5%。

表5-1反映的是本次问卷调查数据的基本结构，该表显示了样本统计数据在性别、民族、所学专业、是否独生子女、高中性质、是否家中第一代大学生、家庭所在地7个维度上的分布状况。

表5-1 问卷数据基本结构

项目	类别	人数/人	百分比/%	有效百分比/%
性别	男	1450	39.4	39.4
	女	2229	60.6	60.6
民族	汉族	2763	75.1	75.1
	少数民族	916	24.9	24.9

续表

项目	类别	人数/人	百分比/%	有效百分比/%
所学专业	文史类	2060	56	56
	理工类	1619	44	44
是否独生子女	独生	1181	32.1	32.1
	非独生	2498	67.9	67.9
高中性质	重点	258	7	7
	普通	3421	93	93
是否家中第一代大学生	是	2859	77.7	77.7
	否	820	22.3	22.3
家庭所在地	农村	1817	49.4	49.4
	乡镇	611	16.6	16.6
	县城	614	16.7	16.7
	地级市	350	9.5	9.5
	首府	287	7.8	7.8

5.2　本科新生入学准备度整体水平

根据本研究构建的概念框架，本科新生大学入学准备度的总维度由学习习惯、大学认知、学科成绩、语言水平、自我效能和愿望抱负 6 个子维度构成。本章内容主要根据上述 6 个维度的均值、众数、标准差等统计数据来对样本高校本科新生大学准备度的总体水平状况进行简要说明与分析（见表 5-2）。

表 5-2　本科新生大学准备度总维度描述统计

维度	描述性统计						
	人数/人	平均值	众数	标准差	最小值	最大值	题项
维度 1：学习习惯	3679	2.812	3	0.8004	1	5	6

续表

维度	描述性统计						
	人数/人	平均值	众数	标准差	最小值	最大值	题项
维度2：大学认知	3679	2.9219	3	0.8547	1	5	5
维度3：学科成绩	3679	3.0001	3	0.8752	1	5	3
维度4：语言水平	3679	3.0971	3	0.8771	1	5	3
维度5：自我效能	3679	3.0603	3	0.8001	1	5	4
维度6：动机愿望	3679	3.5214	2.667	0.7429	1	4.667	6
总维度：入学准备度	3679	3.0668	2.95	0.3253	1.97	3.947	27

本问卷采用5点记分标准，即1为完全不符合，2为不太符合，3为不确定，4为比较符合，5为完全符合。由此判定，题目均值在1~2.4分时，学生存在较为明显的入学准备度不足问题，即学生在题项所描述的状况中表现较差；题目均值在2.5~3.4时，学生可能存在入学准备度中度不足问题，即学生在题项所描述的现象中表现一般；均值在3.5~5分时表明学生入学准备度状况尚好，即学生在题项所描述的现象中表现良好。本研究中各维度在0.01水平上显著相关，学生入学准备度调查题目总数为27题，题目平均分值为3.0688，结果呈现出：西部地区样本高校本科新生入学准备度存在中度不足的现状。

从各维度的均值基本可以看出：①本科新生在进入大学前的学习习惯和大学认知方面的态度均值最低，都在3.0以下，说明这两方面因素对学生发展大学入学准备度产生了较强的负面或消极影响；②学科成绩、语言水平、自我效能三个维度的均值基本都处于3.0以上但又低于3.5的区间，说明样本高校本科新生在大学准备度的这三个子维度上自我感知尚好；③动机愿望维度在所有子维度中的均值最高，超过了3.5，这反映了样本高校本科新生在高中阶段普遍都有获得高等教育入学机会和系统接受高等教育的强烈愿望；④大学入学准备度的总体表现受到各子维度水平状况的影响，个别子维度均值较低，直接影响了总维度的结果。

5.3　学生“挑战-支持”的类型特征

本研究结合桑德福学生“挑战-支持”的类型划分原则，通过问卷调查对学生自我的大学入学准备度感知和对外部环境的支持感知进行统计与分析，调查结果显示：就“挑战-支持”类型而言，样本高校本科新生普遍属于第 1 类和第 4 类（见表 5-3），第 2 类和第 3 类的分布频率相对较少。

表 5-3　学生支持与挑战平衡类型的分布

序号	支持感知	入学准备度	平衡状态	类型划分	频率	百分比/%
1	高	高	平衡	高挑战-高支持	942	25.6
2	高	低	不平衡	低挑战-高支持	728	19.8
3	低	高	不平衡	高挑战-低支持	659	17.9
4	低	低	不平衡	低挑战-低支持	1350	36.7

如表 5-3 所示，在抽样的学生中只有 25.6% 的新生在入学前处于“挑战-支持”的平衡状态，即他们在进入大学前能够在有效支持环境下应对学习挑战，他们对环境的支持感知良好，而且环境的支持也更加促进了他们各项入学准备能力的发展。在抽样的学生中有 36.7% 的新生属于“低挑战-低支持”类型，即他们可能对上大学的动机或目的不明，而且进入大学前他们很多处于学习低效能状态，同时他们对各种来自环境支持的感知度较低。总体来看，西部地区样本高校本科新生中“低挑战-低支持”类型学生占比过大。

5.4 大学入学准备度的子维度状况

5.4.1 学习习惯

“学习习惯”维度共有6项题目，主要反映了样本大学本科新生在高中阶段的课前、课中和课后学习投入的频率状况。整体上，该维度与学生大学入学准备度总体状况在0.01水平上显著相关，皮尔逊相关系数为0.398，sig<0.05。总体均值为16.87，标准差为0.937，平均每题均值为2.81。总体水平处于“状况不良区间”，即样本高校本科新生在高中阶段学习方法或学习习惯等方面存在不良状况（见表5-4）。

表5-4 学习习惯维度描述统计

维度	题项	数据基本信息				学生情况					
		人数/人	均值	标准偏差	众数	类别	完全不符合	不太符合	不确定	比较符合	完全符合
学习习惯	1. 高中时期不用别人提醒能自主地进行学习	3679	2.82	0.984	3	人数/人	331	1041	1394	781	132
						百分比/%	9	28.3	37.9	21.2	3.6
	2. 高中时期经常对自己的学习效果进行评估	3679	2.74	0.967	3	人数/人	397	1049	1424	728	81
						百分比/%	10.8	28.5	38.7	19.8	2.2
	3. 高中时期学习遇到困难会主动寻求他人帮助	3679	2.83	0.748	3	人数/人	125	991	1986	544	33
						百分比/%	3.4	26.9	54	14.8	0.9

续表

维度	题项	数据基本信息				学生情况					
		人数/人	均值	标准偏差	众数	类别	完全不符合	不太符合	不确定	比较符合	完全符合
学习习惯	4. 高中时期能经常主动提问和参与课堂互动	3679	2.83	0.965	3	人数/人	305	1019	1460	765	130
						百分比/%	8.3	27.7	39.7	20.8	3.5
	5. 高中时期每天课后能认真有效地完成作业	3679	2.82	0.986	3	人数/人	313	1070	1409	725	162
						百分比/%	8.5	29.1	38.3	19.7	4.4
	6. 高中时期能有效利用课余时间进行学习	3679	2.83	0.972	3	人数/人	324	1012	1453	761	129
						百分比/%	8.8	27.5	39.5	20.7	3.5

在具体答题的统计结果上，该维度 6 项分值都比较偏低，反映出样本高校本科新生在高中学习阶段主要存在以下现象：①自主学习的意识不强。在“高中时期不用别人提醒能自主地进行学习”的题项上，有超过三成的学生给予了否定或完全否定，有 37.9% 的学生持不确定态度。②学习缺乏自我评估。在“高中期间经常对自己的学习效果进行评估”的题项上，有 10.8% 的学生给予了完全否定，有 28.5% 的学生选择了不太符合。③解决学习难题的渠道单一。在“高中时期学习遇到困难会主动寻求他人帮助”的题项上，有三成以上的学生选择了不太符合及完全不符合。④缺乏积极有效的课堂互动。在“高中时期能经常主动提问和参与课堂互动”的题项上，有 27.7% 的学生选择了不太符合，8.3% 的学生持完全否定态度。⑤课后完成作业的效率不高。在“高中时期每天课后能认真有效地完成作业”的题项上，有 29.1% 的学生选择了不太符合。⑥利用课余时间学习的意识不强。在“在高中时期能有效利用课余时间进行学习”的题项上，只有 20.7% 的学生选择了比较符合，3.5% 的学生选择了完全符合。

5.4.2 大学认知

大学认知影响个人的学术行为，包括最终进入大学校门的可能性。[1] 大学知识是大学认知的基本内容载体，因此，本研究中“大学认知”维度共有 5 个题项，主要反映了本科新生在高中阶段对大学及大学知识的了解与掌握情况。整体上，该维度与大学准备度的总体状况在 0.01 水平上显著相关，皮尔逊相关系数为 0.395，sig<0.05。总体均值为 14.61，标准差为 0.987，平均每题均值为 2.922。总体水平处于“状况不良区间”，即样本高校本科新生在高中阶段对大学的认知水平不够及对大学知识的了解渠道和手段相对比较缺乏（见表 5-5）。

表 5-5 大学认知维度描述统计

维度	题项	数据基本信息				学生情况					
		人数/人	均值	标准偏差	众数	类别	完全不符合	不太符合	不确定	比较符合	完全符合
大学认知	1. 高中时期对大学及大学学习方式进行了解	3679	2.91	0.98	3	人数/人	250	1001	1438	802	188
						百分比/%	6.8	27.2	39.1	21.8	5.1
	2. 高中时期对大学的管理模式进行了了解	3679	2.92	0.991	3	人数/人	283	945	1402	883	166
						百分比/%	7.7	25.7	38.1	24	4.5

[1] BERKNER L, CHAVEZ L. Access to Postsecondary Education for the 1992 High School Graduates (Postsecondary Education Descriptive Analysis Reports) [M]. Washington, DC: United States Government Publishing Office, 1997.

续表

维度	题项	数据基本信息				学生情况					
		人数/人	均值	标准偏差	众数	类别	完全不符合	不太符合	不确定	比较符合	完全符合
大学认知	3. 高中时期对大学的学费标准进行了了解	3679	2.94	0.976	3	人数/人	246	964	1424	868	177
						百分比/%	6.7	26.2	38.7	23.6	4.8
	4. 高中时期预修或补习过大学的有关课程	3679	2.92	0.987	3	人数/人	265	964	1446	813	191
						百分比/%	7.2	26.2	39.3	22.1	5.2
	5. 高中时期家人或老师向我讲述过大学相关信息	3679	2.92	1.003	3	人数/人	280	957	1405	835	202
						百分比/%	7.6	26	38.2	22.7	5.5

从具体的答题结果统计上反映出以下状况：①大多数学生缺乏对大学组织运行和学习方式的认知。在“高中时期对大学及大学学习方式进行了了解”的题项上，只有 26.9% 的学生给予了肯定，有超过三成的学生给予了否定；在“高中时期对大学的管理模式进行了了解”的题项上，只有 28.5% 的学生给予了肯定；在“高中时期对大学的学费标准进行了了解”的题项上，有 28.4% 的学生给予了肯定。②受到教育资源及条件限制，学生高中时期缺少提前学习和接触大学知识的平台及手段。在“高中时期预修或补习过大学的有关课程”的题项上，只有 27.3% 的学生给予了肯定，有 33.4% 的学生持否定态度。③学生普遍缺少获取大学信息的渠道。在“高中时期家人或老师向我讲述过大学的相关信息”的题项上，有 33.6% 的学生给予了否定。

5.4.3 学科成绩

大学准备度由多个维度构成，美国等西方国家也据此细化了各项标准，并通过多种测试手段来评价学生是否真正具备了大学入学的能力，学生的考试成绩虽然重要但并不是唯一的录取参照标准。目前，在我国尚未建立起多元的大学入学评价机制的情况下，学生的成绩成为客观反映学生大学准备度的关键指标。在本研究中，对学科成绩的考察主要依据学生高中期间教育部门统一组织的高中学业水平考试成绩和高三模拟高考考试成绩，希望用两个阶段两种考试模式的成绩水平来说明学生在高中阶段为进入大学在成绩上所做的准备状况。

5.4.3.1 高中学业水平考试成绩

我国高中学业水平考试主要考查高中学生的知识掌握水平、学科素养、学习能力，是高等学校招生的重要评价和参考指标之一，并能为社会用人单位提供有用的信息。[1] 例如，甘肃省的高中学业水平考试分为合格性考试与选择性考试。合格性考试科目为语文、数学、外语、思想政治、历史、地理、物理、化学、生物学、信息技术等 10 个科目，学生成绩记为 A、B、C、D、E 五个等级；选择性考试科目为音乐、美术、体育与健康、通用技术及理化生实验操作，学生成绩以“合格/不合格”形式呈现。[2]

新疆颁布的《2020 年普通高中学业水平考试招生实施方案》显示，高中学业水平考试在冬季和夏季学期结束时各组织一次，成绩没有合格的学生可再次参加相应学期的考试，但基本都要求学生尽量在进入高三学习阶段之前完成。在本研究的问卷调查中，主要统计大一新生在高中学业水平

---

[1] 朱宇. 高中学业水平考试：功能、命题与成绩使用[J]. 考试研究，2008(2)：107-115.

[2] 甘肃省教育厅. 关于印发《甘肃省普通高中学业水平考试实施办法》等 4 个配套文件的通知[EB/OL](2021-9-17)[2022-1-20]. https://jyt.gansu.gov.cn/jyt/c110634/202109/1819598.shtml.

考试各科目中成绩 A 等状况，其基本的假设是：A 等成绩科目越多代表学生在高中阶段完成必修课的知识掌握情况越好，预示着该学生在努力为高三阶段乃至高考做好成绩准备。

从学生具体的答题统计情况来看，“1~2 个 A 等科目”的学生比例为 25.1%；“3~4 个 A 等科目”的学生比例为 38.1%；“5~6 个 A 等科目”的学生比例为 24.3%；“没有 A 等科目”和“7 个 A 等以上科目”的比例分别为 6.0% 和 6.5%（见表 5-6）。从分布状况看，抽样学生在高中学业水平考试的 11 门科目中“3~4 个 A 等科目”的区间分布最多（见图 5-1）。

表 5-6　学生在高中学业水平考试中“A 等科目”统计情况

科目 A 等状况	人数/人	百分比/%	有效百分比/%
没有 A 等	221	6.0	6.0
1~2 个 A 等	923	25.1	25.1
3~4 个 A 等	1402	38.1	38.1
5~6 个 A 等	894	24.3	24.3
7 个 A 等以上	239	6.5	6.5
总计	3679	100	100

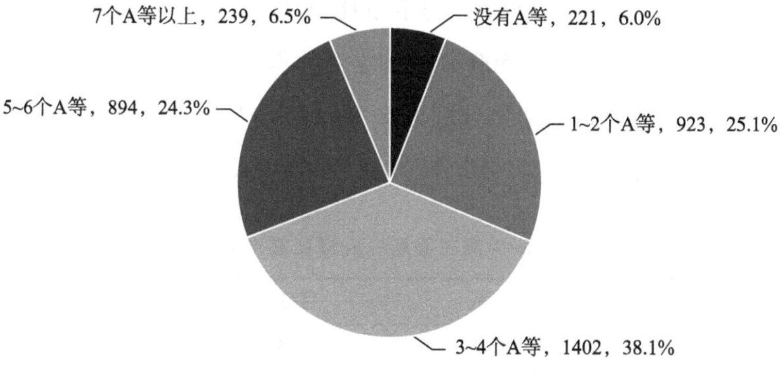

图 5-1　高中学业水平考试各科目成绩 A 等状况分布情况

数据简要说明与分析：

从具体的统计结果可以看出，样本高校本科新生在高中学业水平统考中各科目成绩的优秀率普遍偏低。这一成绩与全国部分省份的高考录取政策中对高中学业水平统考成绩的认定与加分标准相比较后，也反映出抽样学生在高中阶段的教育质量还存在一定问题。例如，浙江省2017年高考开始采用“三位一体”招生模式，即综合评价成绩=高考成绩（60%）+入学测试成绩（30%）+高中学业水平成绩（10%）。其中对高中学业水平成绩的10%加分由各高校自行制定相关规则，仅与宁波诺丁汉大学要求“高中统考7门以上科目为优秀才符合本校报考条件”相比较，本研究样本高校的学生高中学业水平统考成绩符合该校招生标准的人数较少。这也说明抽样高校办学水平虽然在本地区较领先，但其录取的新生在高中教育阶段的学科成绩水平与沿海地区教育水平发达省份之间还存在着较大差距。

5.4.3.2 学生高三阶段的模拟考试成绩

学生高三阶段的模拟考试在考试范围、内容、形式、分数的评定标准等方面均与高考相似。其目的是通过模考来预测高考成绩，预测考生被高校录取的可能性，督促考生查缺补漏，更好地备战高考。[1] 本研究的问卷调查中，主要考察了学生高考前最后一次模拟考试成绩，来抽样反映学生考入大学之前的学科成绩准备状况。从学生具体的答题统计情况来看，模考中各科目总分在“350~400分”的学生比例为23.6%；“400~450分”的学生比例为40.9%；“450~500分”的学生比例为23.3%；其中“300~350分”和“500分以上”的比例分别为6.3%和5.9%（见表5-7）。从分布状况来看，成绩总分中“400~450分”的区间分布最多（见图5-2）。

表5-7 学生高三最后一次模拟高考成绩统计

高考总分	人数/人	百分比/%	有效百分比/%
300~350分	232	6.3	6.3
350~400分	868	23.6	23.6
400~450分	1505	40.9	40.9
450~500分	857	23.3	23.3

[1] 张洋溢.高考模拟考试对高考成绩的预测分析[J].考试周刊,2011(82):1-2.

续表

高考总分	人数/人	百分比/%	有效百分比/%
500 分以上	217	5.9	5.9
总计	3679	100	100

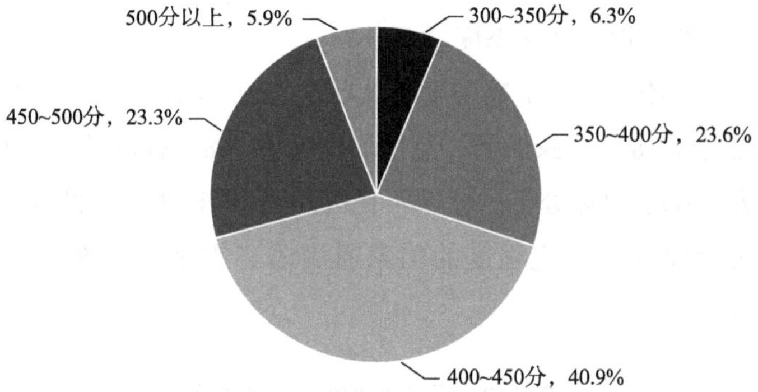

图 5-2　学生高三模拟高考成绩分布情况

本研究抽样的群体主要是西部三省（自治区）9 所大学录取的 2021 级新生。以这 9 所大学 2021 年录取最低投档分数线为参照显示出，抽样学生中有近 30% 的学生在高考之前并没有为考入现在就读的大学做好成绩准备，以他们模拟考试的实际成绩水平是不足以被录取的。那么，他们后来在正式高考中的成绩如何？又是通过何种渠道被个案大学录取的？这也将是本研究在后期分析生态环境对学生大学入学准备度的影响时需要重点考虑的内容。

5.4.4　语言水平

语言不仅与思维相关，而且与文化、教育、社会功能存在着复杂的关系。❶ 我国学者皮连生认为，在学习和教学环境中，学习者本身具有一些显

❶ 罗伯特·J. 斯滕伯格，温迪·M. 威廉姆斯. 斯滕伯格教育心理学[M]. 姚梅林，张厚粲，译. 北京：机械工业出版社，2012：59.

著特征，它们对学习者的学习和教师的教学会有一定的影响和制约作用。[1]语言文字是重要的学习工具和学习资源，对少数民族学生来讲，国家通用语言文字的使用与掌握能力既影响学生各个专业学科知识学习的效果，也影响他们大学入学准备度整体的发展。“语言水平”维度共3个题项，主要反映抽样学生在高中阶段、进入大学后及日常生活中对国家通用语言的掌握与使用的熟练程度及认知态度。

整体上，该维度与大学准备度总体状况在0.01水平上显著相关，皮尔逊相关系数为0.388，sig<0.05。总体均值为12.68，标准差为0.962，平均每题均值为3.09。总体处于“状况不良区间”，即样本高校部分本科新生可能在进入大学前存在一定程度的国家通用语言文字能力准备不足的状况（见表5-8）。

表5-8　语言水平维度描述统计

维度	题项	数据基本信息				学生情况					
		人数/人	均值	标准偏差	众数	类别	完全不符合	不太符合	不确定	比较符合	完全符合
语言水平	1. 国家通用语言水平能满足高中阶段学习需要	3679	3.11	0.974	3	人数/人	180	751	1505	971	272
						百分比/%	4.9	20.4	40.9	26.4	7.4
	2. 国家通用语言水平能满足大学阶段学习需要	3679	3.08	0.993	3	人数/人	217	758	1471	968	265
						百分比/%	5.9	20.6	40.0	26.3	7.2
	3. 未来我的国家通用语言水平将进一步提高	3679	3.1	0.978	3	人数/人	173	794	1472	964	276
						百分比/%	4.7	21.6	40.0	26.2	7.5

[1] 皮连生. 教育心理学[M]. 第四版. 上海：上海教育出版社，2011：271.

从具体的答题结果统计上反映出：①有一定数量的学生高中阶段国家通用语言文字学习基础不牢。在“国家通用语言文字水平能满足高中阶段学习需要”的题项上，只有 33.8% 的学生给予了肯定，有 40.9% 的学生持怀疑态度，25.3% 的学生给予了否定。②基础教育阶段的语言学习和掌握水平会影响大学阶段的学习。在“国家通用语言文字水平能满足大学阶段学习需要”的题项上，有 26.5% 的学生给予了否定，有 40% 的学生持怀疑态度。③学好国家通用语言的信心略显不足。在“未来我的国家通用语言文字水平将进一步提高”的题项上，只有 33.7% 的学生持肯定的态度，有 26.3% 的学生给予了否定。

5.4.5　自我效能

班杜拉认为，自我效能感是个人对完成某方面工作能力的主观评估，评估的结果如何，将直接影响一个人的行为动机。[1] 学生自我效能感受个人成绩、直接和间接经验、社会互动和心理因素的影响。一般来说，那些认为自己能够在学校活动中取得成功的学生更愿意尝试有挑战性的活动，并且取得更高的学业成就。高自我效能感的学生更愿意在活动中投入，更加努力，遇到困难时能坚持得更久，能使用有效的学习策略和取得更好的成绩。[2] “自我效能”维度共 4 个题项，主要反映本科新生在高中时期对自己将来考上大学的能力评估。整体上，该维度与大学准备度总体状况在 0.01 水平上显著相关，皮尔逊相关系数为 0.408，sig<0.05。总体均值为 12.23，标准差为 0.929，平均每题均值为 3.06。总体处于“状况不良区间”，即样本学生在进入就读大学前对自我效能的认可度偏低（见表 5-9）。

[1] 白丁. 了解语言使用现状把握语言发展规律——读《新疆民族语言分布状况与发展趋势》[J]. 语言与翻译,2003(3):77-79.

[2] 罗伯特 · J. 斯滕伯格,温迪 · M. 威廉姆斯. 斯滕伯格教育心理学[M]. 姚梅林,张厚粲,译. 北京:机械工业出版社,2012:22.

表 5-9 自我效能维度描述统计

维度	题项	数据基本信息				学生情况					
		人数/人	均值	标准偏差	众数	类别	完全不符合	不太符合	不确定	比较符合	完全符合
自我效能	1. 高中时期认为我的课程学习能力非常突出	3679	3.18	0.987	3	人数/人	158	692	1479	1008	342
						百分比/%	4.3	18.8	40.2	27.4	9.3
自我效能	2. 高中时期我的成绩排名情况一直比较理想	3679	2.66	0.782	3	人数/人	228	1280	1703	461	7
						百分比/%	6.2	34.8	46.3	12.5	0.2
	3. 高中时期有很强的人际交往与沟通能力	3679	3.18	0.986	3	人数/人	166	721	1394	1093	305
						百分比/%	4.5	19.6	37.9	29.7	8.3
	4. 高中时期对考上现在的大学充满信心	3679	3.21	0.962	3	人数/人	110	743	1431	1071	324
						百分比/%	3	20.2	38.9	29.1	8.8

从具体的答题结果统计上反映出：①对自我的学习能力和学习成绩感知度较低。在“高中时期认为我的课程学习能力非常突出”方面，只有36.7%的学生给予了肯定，23.1%的学生给予了否定；在“高中时期我的成绩排名情况一直比较理想”方面，有34.8%的学生选择了不太符合，有46.3%的学生持怀疑态度。②对自我的人际交往与沟通能力有较积极的反馈。在“高中时期有很强的人际交往和沟通能力”方面，有38%的学生给予了肯定，有37.9%的学生选择不能确定，有24.1%的学生给予了否定。③对考取优质大学的信心略显不足。在“高中时期对考上现在的大学充满信心”的题项上，有37.9%的学生给予了肯定，有38.9%的学生持怀疑态度，有23.2%的学生给予了否定。

5.4.6 愿望抱负

学生的抱负水平是指学生自己设立的学习目标，是对可能取得的学业成就的一种主观愿望。而学生的愿望抱负又与行为动机紧密联系在一起，例如学生如果感到知识的重要性会去学习。[1]“愿望抱负”维度共 6 个题项，主要反映样本学生在高中时期对接受高等教育的期望及希望通过大学实现抱负的态度。整体上，该维度与大学入学准备度总体状况在 0.01 水平上显著相关，皮尔逊相关系数为 0.346，sig<0.05。总体均值为 21.22，标准差为 0.875，平均每题均值为 3.54。总体处于“状况良好区间”，即样本学生在高中时期普遍对考上大学接受高等教育有较为强烈的期望（见表 5-10）。

表 5-10 愿望抱负维度描述统计

维度	题项	数据基本信息				学生情况					
		人数/人	均值	标准偏差	众数	类别	完全不符合	不太符合	不确定	比较符合	完全符合
愿望抱负	1. 希望通过考上大学来改变自己的命运	3679	3.52	0.881	4	人数/人	18	445	1284	1461	471
						百分比/%	0.5	12.1	34.9	39.7	12.8
	2. 希望通过考上大学来改善家庭经济状况	3679	3.53	0.879	4	人数/人	26	419	1288	1479	467
						百分比/%	0.7	11.4	35.0	40.2	12.7
	3. 希望通过考上大学来改善家乡面貌	3679	3.54	0.876	4	人数/人	11	423	1303	1442	500
						百分比/%	0.3	11.5	35.4	39.2	13.6

[1] 刘锋. 大学生抱负水平与英语学习成就的相关性[J]. 商洛学院学报，2010(2)：71-73.

续表

维度	题项	数据基本信息				学生情况					
		人数/人	均值	标准偏差	众数	类别	完全不符合	不太符合	不确定	比较符合	完全符合
愿望抱负	4. 高中时期非常向往大学的学习和生活	3679	3.55	0.870	4	人数/人	15	390	1339	1431	504
						百分比/%	0.4	10.6	36.4	38.9	13.7
	5. 高中时期特别想拥有大学毕业证书和学位	3679	3.54	0.870	4	人数/人	15	419	1295	1479	471
						百分比/%	0.4	11.4	35.2	40.2	12.8
	6. 如果考上大学要努力表现	3679	3.54	0.871	4	人数/人	26	361	1398	1394	500
						百分比/%	0.7	9.8	38	37.9	13.6

从具体的答题结果统计上反映出：①高中生普遍具有良好的大学抱负。在“希望通过考上大学来改变自己的命运”方面，有52.5%的学生给予了肯定，只有0.5%的学生给予了完全否定；在“希望通过考上大学来改善家庭经济状况”方面，有52.9%的学生给予了肯定，只有0.7%的学生给予了完全否定；在“希望通过考上大学来改善家乡面貌”方面，有52.8%的学生给予了肯定，只有0.3%的学生给予了完全否定。②学生普遍具有接受高等教育的愿望。在“高中时期非常向往大学的学习和生活”方面，有52.6%的学生给予了肯定，只有0.4%的学生给予了完全否定；在“高中时期特别想拥有大学毕业证书和学位”方面，有53%的学生给予了肯定，只有0.4%的学生给予了完全否定；在“如果考上大学要努力表现”方面，有51.5%的学生给予了肯定，只有0.7%的学生给予了完全否定。

5.5 大学入学准备度的差异性分析

5.5.1 性别差异

一个人的性别几乎总是一个明显的、直接的特征，许多人，包括教师都可能会潜意识地对这个信息进行加工，并影响到自己的行为。[1] 本研究的统计结果显示，不同性别的学生在大学准备度方面存在边缘性差异，女生的大学准备度水平在各个维度上均略高于男生，而且除了愿望抱负维度以外，女生在学习习惯、大学认知、成绩准备、语言水平和自我效能上与男生均存在显著差异（见表 5-11）。

表 5-11 性别因素差异性分析

维度	性别	人数/人	平均值	标准偏差	*T*	*P*
学习习惯	男	1 450	2.668 7	0.783 8	−4.687	0.000
	女	2 229	2.905 2	0.797 9		
大学认知	男	1 450	2.806 4	0.843 8	−3.524	0.000
	女	2 229	2.997 1	0.854 1		
学科成绩	男	1 450	2.837 8	0.896 6	−4.854	0.000
	女	2 229	3.105 4	0.845 1		
语言水平	男	1 450	2.984 4	0.896 1	−3.346	0.001
	女	2 229	3.170 4	0.857 3		
自我效能	男	1 450	2.894 3	0.781 9	−5.308	0.000
	女	2 229	3.161 7	0.797 2		

[1] 罗伯特 · J. 斯滕伯格，温迪 · M. 威廉姆斯. 斯滕伯格教育心理学[M]. 姚梅林，张厚粲，译. 北京：机械工业出版社，2012：186.

续表

维度	性别	人数/人	平均值	标准偏差	T	P
愿望抱负	男	1 450	2. 722 8	0. 739 6	−2. 643	0. 008
	女	2 229	2. 847 4	0. 741 7		
大学准备度	男	1 450	2. 797 7	0. 303 5	−10. 757	0. 000
	女	2 229	3. 009 0	0. 311 9		

注：T 表示进行 t 检验的一个统计量，由此来计算 P 值，从而判断显著水平。$P<0.05$，说明两者差异显著；$P<0.001$，说明差异极其显著。表格中 T 值 = 3. 436，sig = 0. 001<0. 05，说明两组得分有差异。

从均值的差异程度上来看，男生和女生在大学准备度的总体水平上相差 0. 2113。其中，在学习习惯维度上，男生和女生相差 0. 2365；在大学认知维度上，男生与女生相差 0. 1907；在学科成绩维度上，男生和女生相差 0. 2676；在语言水平维度上，男生与女生相差 0. 1860；在自我效能维度上，男生和女生相差 0. 2674；在愿望抱负维度上，男生和女生相差 0. 1246。差异最大的是学科成绩和自我效能维度。因此也体现出：①女生普遍认为自己在高中期间的学科成绩或学业水平要高于男生；②女生对高中期间自我的学习投入、成绩准备及对考上大学的自我效能感普遍有比较高的认可。

5. 5. 2 专业差异

从本科新生对大学专业背景的差异分析来看，文科学生和理科学生在大学入学准备度上存在差异，理科学生的大学准备度总体水平要高于文科专业学生。从大学准备度的子维度统计分析情况来看，文科学生和理科学生在各个子维度上的水平上不存在显著差异（见表 5-12）。

表 5-12　专业因素差异性分析

维度	专业	个案数	平均值	标准偏差	T	P
学习习惯	文科	2 060	2.767 0	0.790 75	−2.041	0.042
	理科	1 619	2.869 2	0.809 75		
大学认知	文科	2 060	2.931 4	0.858 28	0.403	0.687
	理科	1 619	2.909 8	0.851 04		
学科成绩	文科	2 060	2.943 4	0.882 39	−2.344	0.019
	理科	1 619	3.071 7	0.861 54		
语言水平	文科	2 060	3.067 4	0.876 91	−1.225	0.221
	理科	1 619	3.134 7	0.876 85		
自我效能	文科	2 060	3.008 7	0.797 48	−2.161	0.031
	理科	1 619	3.117 0	0.803 46		
愿望抱负	文科	2 060	2.745 9	0.742 44	−2.56	0.011
	理科	1 619	2.864 8	0.739 16		
大学准备度	文科	2 060	2.889 2	0.314 98	−4.096	0.000
	理科	1 619	2.972 1	0.332 58		

从学生答题结果的均值来看，文科学生的大学入学准备度只有在大学认知维度上高于理科学生，在其他子维度上文科学生均低于理科学生。其中各项均值相差情况为：学习习惯 0.1022，大学认知 0.0216，学科成绩 0.1283，语言水平 0.0673，自我效能 0.1083，愿望抱负 0.1189。均值相差较大的是学科成绩和愿望抱负。因此也体现出：①理科学生的高中学科成绩和学业水平要稍好于文科学生，因此，学生在高中阶段可能存在一定的偏科问题；②理科学生的高中学科成绩总体水平高于文科学生，因此他们对考上大学也更有信心。

5.5.3　城乡差异

不同家庭所在地的学生之间在大学入学准备度上存在差异。城市家庭学生的大学入学准备度总体水平要高于农村家庭学生。在大学入学准备度的各子维度上，城市家庭的学生也均高于农村家庭学生，而且城市学生与农村学生在学习习惯和学科成绩两项子维度上存在显著差异（见表 5-13）。

表 5-13　城乡因素差异性分析

维度		平方和	自由度	均方	*F*	*P*
学习习惯	组间	32.57	4	2.287	3.605	0.004
	组内	2322.06	1028	0.634		
	总计	2354.64	1032			
大学认知	组间	20.05	4	1.407	1.933	0.103
	组内	2665.26	1028	0.728		
	总计	2685.31	1032			
成绩准备	组间	43.13	4	3.028	3.999	0.003
	组内	2772.01	1028	0.757		
	总计	2815.14	1032			
语言水平	组间	23.39	4	1.642	2.144	0.073
	组内	2804.13	1028	0.766		
	总计	2827.52	1032			
自我效能	组间	28.84	4	2.025	3.178	0.013
	组内	2332.51	1028	0.637		
	总计	2361.35	1032			
愿望抱负	组间	23.29	4	1.635	2.985	0.018
	组内	2005.69	1028	0.548		
	总计	2028.97	1032			
大学准备度	组间	22.71	4	1.594	15.934	0.000
	组内	366.26	1028	0.1		
	总计	388.97	1032			

注：*F* 为单因素方差方均值数据简要说明与分析：*F* 表示整个拟合方程的显著性，*F* 值越大，表示方程越显著，拟合程度越好。

本研究调查的基本数据显示，农村家庭学生与城市家庭学生的占比分别为 67.9% 和 32.1%。经调查后比较检验发现，城市组，即自治区首府、地级市、县城或县级市相互之间不存在差异；农村组，即农村、乡镇之间不存在差异；但是，农村组与城市组相互之间存在显著差异。在具体维度上，城市组学生普遍表现较好，在学习习惯与学科成绩两方面，城市组学生的大学准备度水平均明显高于农村组家庭学生。

5.5.4　是否独生子女差异

独生子女与非独生子女之间在大学准备度上存在差异。独生子女大学准备度整体水平比非独生子女高。在大学准备度的各项子维度上，除了大学认知维度以外，在其他子维度水平上独生子女都要高于非独生子女，而且在学习习惯、学科成绩、自我效能 3 个子维度上两者之间存在显著差异（见表 5-14）。

表 5-14　独生子女因素差异性分析

维度	独生子女	个案数	平均值	标准偏差	T	P
学习习惯	是	1 181	2.935 7	0.814 78	3.436	0.001
	否	2 498	2.753 4	0.787 32		
大学认知	是	1 181	2.878 3	0.889 89	-1.13	0.259
	否	2 498	2.942 6	0.837 46		
学科成绩	是	1 181	3.134 5	0.881 71	3.418	0.001
	否	2 498	2.936 3	0.865 42		
语言水平	是	1 181	3.144 6	0.879 73	1.197	0.232
	否	2 498	3.074 7	0.875 58		
自我效能	是	1 181	3.171 7	0.776 28	3.196	0.001
	否	2 498	3.001 8	0.808 05		
愿望抱负	是	1 181	2.860 9	0.737 08	1.866	0.062
	否	2 498	2.768 7	0.744 46		
大学准备度	是	1 181	2.997 9	0.339 11	4.965	0.000
	否	2 498	2.891 6	0.313 05		

本研究的抽样学生中有 67.9% 的学生是非独生子女，只有 32.1% 的学生是独生子女。从态度均值的差异上来看，非独生子女与独生子女在大学

准备度的整体水平上相差 0.1063。其中，在学习习惯维度上，非独生子女与独生子女相差 0.1823；在大学认知维度上，非独生子女与独生子女相差 0.0643；在学科成绩维度上，非独生子女与独生子女相差 0.1982；在语言水平维度上，非独生子女与独生子女相差 0.0699；在自我效能维度上，非独生子女与独生子女相差 0.1669；在愿望抱负维度上，非独生子女与独生子女相差 0.0922。非独生子女与独生子女在各子维度中差异较大的是学科成绩和学习习惯两项。本项结果表明，独生子女比非独生子女拥有更好的学习习惯，而学习习惯、学习方式的不同也导致了独生子女比非独生子女拥有更好的学业成绩。

5.5.5 高中办学类型差异

本研究的统计结果显示，不同办学类型的高中学生在大学准备度方面存在差异，重点高中学生的大学准备度水平整体高于普通高中学生。在子维度上，除了学习习惯维度以外，重点高中学生在其他维度上均高于普通高中学生，而且在自我效能子维度上，重点高中学生与普通高中学生存在显著差异（见表 5-15）。

表 5-15 高中办学类型因素差异性分析

维度	高中类型	个案数	平均值	标准偏差	T	P
学习习惯	重点高中	258	2.793 9	0.843 13	-0.198	0.843
	普通高中	3 421	2.813 3	0.797 55		
大学认知	重点高中	258	3.052 7	0.772 04	1.347	0.178
	普通高中	3 421	2.912 1	0.860 2		
学科成绩	重点高中	258	3.166 6	0.804 91	1.677	0.094
	普通高中	3 421	2.987 5	0.879 33		
语言水平	重点高中	258	3.324	0.793 1	2.281	0.023
	普通高中	3 421	3.080 1	0.881 09		

续表

维度	高中类型	个案数	平均值	标准偏差	T	P
自我效能	重点高中	258	3. 274 3	0. 652 95	2. 397	0. 004
	普通高中	3 421	3. 040 1	0. 809 5		
愿望抱负	重点高中	258	2. 909 7	0. 741 63	1. 32	0. 187
	普通高中	3 421	2. 789 9	0. 742 8		
大学准备度	重点高中	258	3. 064 5	0. 309 43	3. 777	0. 000
	普通高中	3 421	2. 915 3	0. 324 24		

本研究的样本显示有 93% 的学生来自普通中学，只有 7% 的学生就读的是重点中学。从均值的差异上来看，普通高中学生与重点高中学生在大学准备度的总体水平上相差 0. 1492。其中，在学习习惯维度上，普通高中学生比重点高中学生高出 0. 0194；在大学认知维度上，普通高中学生与重点高中学生相差 0. 1406；在学科成绩维度上，普通高中学生与重点高中学生相差 0. 1791；在语言水平维度上，普通高中学生与重点高中学生相差 0. 2439；在自我效能维度上，普通高中学生与重点高中学生相差 0. 2342；在愿望抱负维度上，普通高中学生与重点高中学生相差 0. 1198。普通高中学生与重点高中学生在各子维度中差异较大的是语言水平、自我效能和学科成绩维度。因此也体现出：①受到教育资源和教育质量的影响，重点高中学生的大学准备度要明显优于普通高中学生；②在学科成绩和语言水平上，重点高中学生要高于普通高中学生，这两项维度的结果也说明了重点高中学生对自我成绩的认可可能来自良好的自我效能感。

5. 5. 6 是否家中第一代大学生差异

根据本研究的统计数据显示，非家中第一代大学生入学准备度水平与家中第一代大学生之间存在差异。在大学准备度的各项子维度上，非家中第一代大学生对各维度的态度统计出的均值均高于家中第一代大学生，而且除学科成绩、愿望抱负以外，在其他维度上两者之间均存在显著差异(见表 5-16)。

表 5-16　家中第一代大学生因素差异性分析

维度	家中第一代大学生	个案数	平均值	标准偏差	T	P
学习习惯	是	2 859	2. 769 8	0. 783 84	−3. 181	0. 002
	否	820	2. 959 4	0. 840 96		
大学认知	是	2 859	2. 878 9	0. 854 55	−3. 035	0. 002
	否	820	3. 072 1	0. 840 15		
学科成绩	是	2 859	2. 976 3	0. 876 79	−1. 625	0. 104
	否	820	3. 082 6	0. 866 34		
语言水平	是	2 859	3. 053 9	0. 879	−2. 967	0. 003
	否	820	3. 247 8	0. 855 34		
自我效能	是	2 859	3. 013 1	0. 799 38	−3. 26	0. 001
	否	820	3. 207 6	0. 792 36		
愿望抱负	是	2 859	2. 777	0. 743 48	−1. 718	0. 086
	否	820	2. 872 4	0. 738 1		
大学准备度	是	2 859	2. 890 7	0. 308 98	−6. 593	0. 000
	否	820	3. 047 9	0. 351 11		

本研究的样本信息统计显示，有 77. 7% 的学生是家中第一代大学生，有 22. 3% 的学生是非家中第一代大学生。从均值的差异上来看，家中第一代大学生与非家中第一代大学生在大学准备度的总体水平上相差 0. 1572。其中，在学习习惯维度上，两者之间相 0. 1896；在大学认知维度上，两者之间相差 0. 1931；在学科成绩维度上，两者之间相差 0. 1063；在语言水平维度上，两者之间相差 0. 1939；在自我效能维度上，两者之间相差 0. 1945；在愿望抱负维度上，两者之间相差 0. 1198。因此也体现出：非家庭第一代大学生在教育成就因素上要高于家庭第一代大学生。正如有学者的研究发现：受到家庭文化结构的影响，家中第一代大学生可能在学习参与过程和学业能力发展水平上要比非家中第一代大学生表现要差。[1] 2017 年 8 月，美

[1] 熊静. 第一代农村大学生的学习经历分析——基于结构与行动的视角[J]. 教育学术月刊,2016(5):74-81.

国福布斯网站上也发布了对家中第一代大学生实现社会阶层向上流动的调查结果，其报告指出，3 个差距或成为当今高等教育面临的 3 个挑战，特别是对家中第一代大学生来说，这些差距往往是其通向成功的障碍，这 3 个差距分别体现在教育机会、教育意识和教育成就上。[1]

5.5.7　家庭经济收入状况差异

不同家庭经济收入状况的学生之间在大学入学准备度的水平上存在差异，家庭经济收入高的学生大学入学准备度总体水平比家庭经济收入低的学生要好。在大学入学准备度的各项子维度上，家庭经济收入高的学生也均高于家庭经济收入低的学生。而且两者几乎在学习习惯、大学认知、学科成绩、语言水平、自我效能和愿望抱负等所有子维度上均存在显著差异（见表 5-17）。

表 5-17　家庭经济收入状况因素差异性分析

维度		平方和	自由度	均方	F	P
学习习惯	组间	101.3	5	5.689	9.234	0.000
	组内	2253.33	1027	0.616		
	总计	2354.64	1032			
大学认知	组间	40.51	5	2.275	3.146	0.008
	组内	2644.8	1027	0.723		
	总计	2685.31	1032			
学科成绩	组间	43.66	5	2.452	3.236	0.007
	组内	2771.48	1027	0.758		
	总计	2815.14	1032			

❶　家庭第一代大学生到底差在哪儿？[EB/OL].(2018-11-15)[2018-12-10].http://www.sohu.com/a/275350417_121294.

续表

维度		平方和	自由度	均方	*F*	*P*
语言水平	组间	102.13	5	5.736	7.698	0.000
	组内	2725.39	1027	0.745		
	总计	2827.52	1032			
自我效能	组间	82.25	5	4.619	7.414	0.000
	组内	2279.09	1027	0.623		
	总计	2361.35	1032			
愿望抱负	组间	46.17	5	2.593	4.783	0.000
	组内	1982.82	1027	0.542		
	总计	2028.99	1032			
大学准备度	组间	59.87	5	3.363	37.374	0.000
	组内	101.3	1027	0.09		
	总计	2253.33	1032			

本研究调查的基本数据显示，家庭年收入在 30 000 元以下的学生占总样本人数的 70.7%。经事后比较检验发现，低收入组（家庭年收入在 30 000 元以下）和高收入组（家庭年收入在 30 000 元以上）两组学生之间存在显著差异。在入学准备的总维度上，高收入组学生普遍表现较好；在学习习惯等所有子维度方面，高收入组学生的大学准备度水平均明显高于低收入家庭组学生，这也说明家庭经济收入状况对学生发展大学入学准备度有较强影响。

5.6　主要的调查结论

5.6.1　普遍存在入学准备不足问题

在本研究中，本科新生大学准备度的水平均值为 3.066 8，说明抽样学生在多个题项所描述的现象中表现不佳，存在大学入学准备不足的问题。进一步分析发现，抽样高校的本科新生在大学准备度的子维度：学习习惯、大学认知、学科成绩、语言水平和自我效能 5 个方面均处在“状况一般区间”，只有愿望抱负维度处在“状况良好区间”。因此，就整体而言，本研究抽样的高校虽然属于西部三省（自治区）内实力较高的大学，办学资源和办学水平相较于其他一般本科院校要好，但是招录的本科新生在不同维度、不同程度上表现出大学入学准备度不足的状况。

5.6.2　入学准备度存在个体差异性

结合问卷调查的统计分析和访谈结果可知，本科新生大学准备度水平因学生个体特征或背景的不同而存在显著差异。在本研究中，个体特征的变量主要包括：性别、民族、专业类型、是否独生子女、高中性质、是否家中第一代大学生、家庭所在地、家庭经济收入状况等，上述一系列因素在本科新生大学准备度的总体水平上均存在差异，具体来说：女生优于男生；理工类学生优于文史类学生；独生子女学生优于非独生子女学生；城市家庭学生优于农村家庭学生；重点高中学生优于普通高中学生；非家中第一代大学生优于家中第一代大学生；家庭经济收入状况良好的学生优于家庭经济收入较低的学生。

5.6.3 学习习惯的自我认可度较低

整体上，学生学习习惯与大学入学准备度总体状况在 0.01 水平上显著相关，皮尔逊相关系数为 0.398，总体均值为 16.87，标准差为 0.937，处于“状况不良区间”，即样本高校本科新生对自己高中阶段的学习习惯持有一定的否定或不认可态度。有超过三成的本科新生认为在高中教育阶段没有养成良好的学习习惯，还有超过四成的学生对自己的学习习惯持有怀疑态度。同时也反映出，学生良好学习习惯的养成既受到个人特性的影响，还受到环境因素的影响。

在个体因素差异上，关于对自我学习习惯的认可度，女生要显著高于男生；理工类学生略高于文史类学生；独生子女显著高于非独生子女；城市学生组显著高于农村学生组；重点高中学生略低于普通高中学生；非家中第一代大学生显著高于家中第一代大学生；家庭经济状况较好学生组显著高于家庭经济状况一般及家庭经济状况较差学生组。

5.6.4 缺乏对大学知识的了解手段

整体上，学生对大学的认知与大学入学准备度总体状况在 0.01 水平上显著相关，皮尔逊相关系数为 0.395，总体均值为 14.61，标准差为 0.987，处于“状况不良区间”，即本科新生对自己在高中阶段大学知识的有效获取持有否定或不认可态度。从具体的题项上反映出，有超过三成的本科新生认为在高中阶段缺乏对大学及大学知识的了解，还有超过六成的学生表示自己在高中期间没有或者基本没有接触过大学课程信息及相关的学习辅导。

在个体差异比较中，关于对大学知识的了解与掌握程度，女生显著高于男生；文史类学生略高于理工类学生；独生子女学生略低于非独生子女学生；城市学生组显著高于农村学生组；重点高中学生高于普通高中学生；非家中第一代大学生显著高于家中第一代大学生；家庭经济状况较好学生组高于家庭经济状况一般及家庭经济状况较差学生组。

5.6.5 高中时期学科成绩准备不足

高中学科成绩主要考察了学生高中学业水平考试各科目中 A 等成绩状况和高三模拟考试的成绩状况。从具体的统计结果可以看出：一方面，在高中学业水平考试的各科目中，学生获得 A 等成绩为优秀的比例偏低，与沿海地区大学高招政策中对高中学业水平考试成绩要求比较后发现，样本高校新生中大部分学生很难达到其要求；另一方面，样本高校学生在高考前的模拟考试与当年实际高考录取分数线相比较，在正式参加高考前有近 30% 学生的学科成绩水平没有或者很难达到当年的录取标准，面临进入大学前的文化课知识和学科成绩准备不足的问题。

在个体差异比较中，关于高中时期的学科成绩总体水平，女生显著高于男生；理工类学生略高于文史类学生；独生子女学生显著高于非独生子女学生；城市学生组显著高于农村学生组；重点高中学生高于普通高中学生；非家中第一代大学生高于家中第一代大学生；家庭经济状况较好学生组高于家庭经济状况一般及家庭经济状况较差学生组。

5.6.6 语言水平对学业成就形成挑战

语言水平主要考察了学生对国家通用语言文字的掌握能力状况，从调查中发现：有近 25% 的学生认为自己的国家通用语言水平不能很好地支持高中时期和进入大学后的课程或专业学习。其中大部分学生普遍存在认为自己的国家通用语言文字水平已经基本定型，缺少继续追求语言造诣的想法。还有一部分学生认为自己的国家通用语言水平有待提高，同时认为语言的掌握水平对学业完成有重要影响，因而他们对学好用好国家通用语言文字的愿望比较强烈。

在个体差异比较中，关于语言掌握水平，女生显著高于男生；理工类学生略高于文史类学生；独生子女学生略高于非独生子女学生；城市学生组高于农村学生组；重点高中学生高于普通高中学生；非家中第一代大学生显著高于家中第一代大学生；家庭经济状况较好学生组显著高于家庭经济状况一般及家庭经济状况较差学生组。

5.6.7 学生对自我效能发挥感知不良

整体上，学生对自我效能的感知水平与大学入学准备度总体状况在0.01水平上显著相关，皮尔逊相关系数为0.408，总体均值为12.23，标准差为0.929，处于“状况不良区间”，即本科新生对自己在高中阶段自我效能感的评价持有消极或不认可态度。从具体的题项上反映出，有超过三成的本科新生对自己高中时期的课程学习能力、学习成绩排名情况、与他人沟通能力及对考上大学的能力和信心的感知略显不足，认为各种效能没有得到充分的发挥。

在个体差异比较中，关于对自我效能的认知水平，女生显著高于男生；理工类学生略高于文史类学生；独生子女学生显著高于非独生子女学生；城市学生组高于农村学生组；重点高中学生显著高于普通高中学生；非家庭第一代大学生显著高于家庭第一代大学生；家庭经济状况良好学生组显著高于家庭经济状况一般及家庭经济状况较差学生组。

5.6.8 美好愿望与实际准备不相匹配

整体上，学生对大学的愿望抱负认知水平与大学准备度整体状况在0.01水平上显著相关，皮尔逊相关系数为0.346，总体均值为21.22，标准差为0.875，处于“状况良好区间”，即学生渴望接受高等教育的愿望与动机比较强烈。从具体的题项上反映出，有超过一半的学生都希望通过高等教育的培养能够改变自己的命运、家庭的经济状况件及家乡的风貌，因而普遍对大学的生活、学习和获得高等教育的机会产生积极的向往。但是仅仅拥有良好的愿望与抱负，并没有在发展大学准备度的其他维度上有较高的投入与表现。

在个体差异比较中，关于对接受高等教育的愿望抱负认知水平，女生高于男生；理工类学生略高于文史类学生；独生子女学生高于非独生子女学生；城市学生组高于农村学生组；重点高中学生高于普通高中学生；非家庭第一代大学生高于家庭第一代大学生；家庭经济状况良好学生组显著高于家庭经济状况一般及家庭经济状况较差学生组。

5.6.9　“低挑战—低支持”类型分布最多

从学生“挑战-支持”类型的统计可以看出，抽样学生在四种类型上都有所分布，但是“高挑战-高支持”和“低挑战-低支持”类型分布的比例最大。其中，有 25.6% 的学生处于“挑战-支持”的平衡状态，即学生能够在各种支持环境下应对努力范围所及的学业挑战，能够应对学校学业要求并获得相关能力发展。有 36.7% 的学生处于“低挑战-低支持”类型，即学生处于“低效能”状态，学习动机明显不足。在访谈中，还发现存在该类倾向的学生往往表现出“自我放纵”或者“无所谓”的学习态度，但对环境及政策有很强的依赖心理。

5.7　本章小结

本章主要以问卷调查结果为依据，对样本高校本科新生大学准备度的水平结果进行了直接描述。本章共分四部分，第一部分对抽样学生基本数据情况进行了描述，表明样本学生各群体分布相对合理，与西部地区本科院校的实际情况比较相似；第二部分对样本高校本科新生大学准备度整体及分维度状况进行了统计，以期能够较为客观而系统地描述西部高校本科新生入学准备度所处的水平区间；第三部分以学生个体性特征为重点，通过独立样本 T 检验、单因素分析等统计方法进一步描述了不同背景学生在大学准备度整体水平和分维度上的差异性。第四部分对上述综合统计的信息进行了汇总和提取，指出样本高校本科新生在大学准备度方面的主要特征和调查结果：①抽样高校虽然作为西部三省（自治区）内资源和条件较好大学，但有相当数量本科新生有大学准备度不足的问题；②大学准备度水平具有个体差异性；③学生学习习惯的自我认可度较低；④偏远地区的学生普遍缺乏对大学知识的了解手段；⑤学生高中时期学科知识及成绩准备不足；⑥一部分学生国家通用语言文字水平不高，但存在强烈的提升意愿；⑦学生对自我效能发挥的认可度比较偏低；⑧学生普遍具有强烈的升学愿望，但与实际的入学准备水平又不相匹配；⑨抽样学生中“高挑战-高支持”和“低挑战-低支持”类型分布最多。

第6章

大学准备度影响要素分析

根据生态系统理论和学习行为理论及本研究构建的大学准备度概念分析框架，大学准备度的环境影响要素主要包括社会要素、学校要素、教师要素、家庭要素4个方面，其中每个要素又涉及多个子要素。本章节主要对西部高校大学生入学准备度的影响要素进行分析。

6.1 社会要素

6.1.1 准入机制

从宏观上讲，学生的大学准备度发展离不开国家及社会科学的人才选拔机制和合理的分流教育，只有当高考选拔制度能够准确考查学生的学习能力和发展潜力，能够为高等教育分流提供必要的参考时，才能有效实现学生学习和发展的一贯性，才能有效促进学生在学校的学习和向大学的过渡。本研究在实际调查中发现，当前高考选拔制度与大学准备度之间还缺少有效的衔接。

6.1.1.1 “一考定终身”的思想普遍，缺少对大学准备度的关注

发展和提高学生的大学准备度，其重要的目的是让学生能够获得高质量的高等教育入学机会及进入大学后能够获得成功。高考作为我国规模最大、影响最广的国家教育考试，自然成为高等人才考核与选拔的主要方式，这也就造成了社会及众多家长普遍存在子女“只有通过高考才能改变命运”的心理。因此在重视了高考形式与作用的前提下，往往忽视了发展学生大学准备度的其他关键要素。图 6-1 主要反映的是学生选择目前所读大学和专业时“父母及家人的影响或建议的重要性”，4. 3% 的受访学生表示完全不重要，15. 5% 的受访学生表示不太重要，61. 1% 的受访学生表示重要，19. 1% 的受访学生表示非常重要。由此看来，大多数学生高考志愿的“选择权”掌握在父母或家人的手里，这样一来，学生的学习意愿及今后的高等教育规划只能按照家长的意愿“遵照执行”，学生成为父母高考目标实现的执行者，缺乏全面塑造自己的机会。

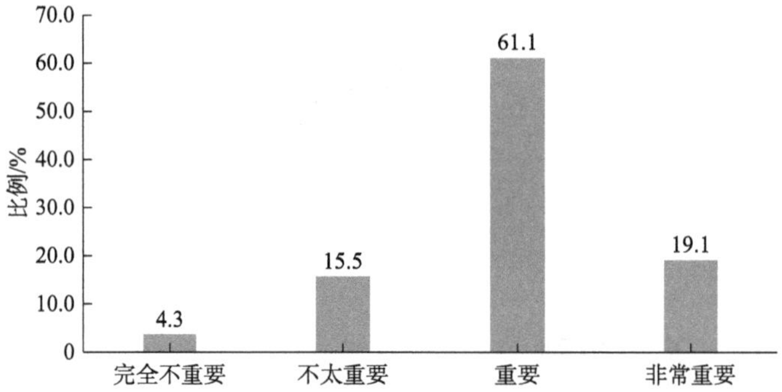

图 6-1　父母及家人对学生高考志愿选择的影响

6.1.1.2 重视人才选拔的结果，往往忽视了学生的综合能力培养

高考选拔制度是围绕高等教育入学机会和优质高等教育资源所产生的

利益分配机制。[1] 因此，在西部地区高等教育优质资源相对匮乏的情况下，学生的高考成绩往往是评价高等教育质量与效果的直接手段。在“唯成绩论”的影响下，学校、教师和家长大多“紧盯”学生的高考成绩结果，而忽视了学生进入大学应该具备的综合素质与能力的培养及考核。虽然当前我国大力推进应试教育向素质教育转型，但是现实中“教育质量=考试分数=升学率”的思想依然普遍，这也成为学校工作和教师教学的主要目标。长此以往，在“应试主义”或“升学至上”的窠臼中，不仅不能带来教育质量的提升，反而损害了学生的全面发展。

6.1.1.3 即使高考成绩达标也无法全面衡量学生的入学准备状况

在考核的形式上，以“标准化测试”为主导的高考考核方式并不能完全超越测试方式的局限性。正如心理测量学家丹尼尔·科茨所说的，标准化考试的成绩通常不能直接并完整地衡量教育成就。[2] 因此，目前在美国已经有一些大学公开表示，学生是否参加 SAT 或 ACT 考试完全取决于学生，还有不少高校声明在入学时可以不要学生提供这些成绩。[3] 我国教育部在《普通高中课程方案（2017 年版 2020 年修订）》中指出：普通高中课程在义务教育的基础上，要进一步提升学生的综合素质，着力发展学生核心素养，使学生成为有理想、有本领、有担当的时代新人。[4] 但是，目前的测试技术和手段主要选择学生入学准备中的高考成绩进行考核，无法有效和准确地衡量学生是否真正为进入高等教育做好了全面准备。有学者认为，我国的教育评价以知识评价为核心，从小学到大学、从博士到教授都设有绝对不

---

[1] 李峻. 高考制度变革的新思路——从利益博弈到利益均衡[J]. 国家教育行政学院学报,2011(02):77-80.

[2] 唐劲松. 为什么标准化考试成绩不能衡量教育质量[J]. 中小学信息技术教育,2014(10):28-30.

[3] 苏红. 美国部分高校欲取消标准化考试[J]. 教育与职业,2018(31):101.

[4] 教育部. 教育部关于印发普通高中课程方案和语文等学科课程标准(2017 年版 2020 年修订)的通知[EB/OL]. http://www. moe. gov. cn/srcsite/A26/s8001/202006/t20200603_462199. html.

容挑战的“标准答案”❶。因此，在这种教育体系下，知识评价主要考查学生对知识的记忆，而且有标准答案，学生的创新欲望和兴趣就被大大削弱了，不仅达不到培养核心素养的课程目标，而且也无法考查学生进入大学应具备的其他能力。

6.1.1.4 高考选拔对除学科成绩以外的大学准备度考核相对有限

《国务院关于深化考试招生制度改革的实施意见》指出，我国高考期望是对学生进行3方面的考核，分别是“依据国家课程标准进行的学科知识考核，对学生独立思考和运用所学知识分析问题、解决问题的能力考核，以及借助综合素质档案对学生进行的思想品德、学业水平、身心健康、兴趣特长、社会实践等内容的考核”。但事实上，目前高考的形式仍旧过度聚焦于对学生的知识测试，其考核的权重远高于对其他能力的考核。虽然我国多年的高考改革使得标准化测试能够较全面地涵盖高中教学大纲或者教材所提供的基本点，但是除此之外，我国标准化测试并不能完全评估影响学生学习潜力的广泛变量，甚至与学生发展核心能力部分脱离。在高考录取的指标上，各项指标的实际情况尚不能充分满足大学人才选拔的要求，综合能力评估指标仍有待完善。在新一轮的高考改革中，综合素质考核已逐渐成为多元录取模式中的一环，但是通过对比高中生综合素质评价的相关政策，发现我国“综合素质”与大学准备所需的“核心素养”存在差异，即使是高中生的学业水平考核指标也仍以学生成绩为主要参照。例如，《新疆维吾尔自治区普通高中学生综合素质评价实施细则》中提出：实施素质教育是促进学生全面发展的重要举措，明确道德品质、公民素养、学习能力、交流与合作、运动与健康、审美与表现是素质评价与考核的六项指标。其中，学习能力如果要达到“A等”就必须表现出“研究性成绩显著，得到社会的公认和权威部门的认可，各科成绩一贯优秀等”。由此可见，我国

❶ 刘尧.破解杰出人才培养的知识评价困境——从“钱学森之问”与“李约瑟难题”谈起[J].大学(学术版),2013(2):86-93.

综合素质评价以学生的社会价值为基础，强调学生德、智、体、美的全面发展，且学科成绩仍是学业水平的主要考核指标。从本研究的调查结果来看，社会人才选拔方式对学生大学入学准备发展有重要影响，但是当前人才选拔机制还没有与大学准备度形成很好的契合，利益相关者更多地关注了学生成绩带来的结果影响，综合评价也主要以学生成绩为核心评价内容，而忽视了学生为进入大学所必须的其他能力的准备。因此，高考作为承接高中教育与大学教育的考核加选拔性工具，理应承担起有效促进高中培养体系、高考选拔体系、大学培养体系的衔接与过渡功能。

6.1.2　招生政策

中华人民共和国成立以来，党和国家对于西部地区各族学生高等教育入学机会十分重视，为加大对西部地区招生政策的倾斜力度，推出了一系列针对西部地区学生的招生专项计划。而高校招生政策也一直体现出对西部和农村地区的倾斜力度，通过考虑生源数量、入学机会及办学条件等因素，合理安排国家支援中西部地区招生协作计划。另外，教育部于 1950 年，就在《关于高等学校 1950 年度暑假招考新生的规定》中第一次提出高校招生中对少数民族考生要实行“照顾录取”，对报考民族学院的少数民族考生，可适当降低分数线录取，对报考内地高等学校的少数民族考生可免考外语，成绩差的学生，可经过一年的文化补习并及格后，从宽录取。自此针对少数民族考生的教育优惠政策逐步发展，政策基础由中央制定，政策执行上要保证各地的灵活性，对民族高等教育事业的发展产生了深远影响。[1] 可以说，高考优惠政策作为教育政策体系的一部分，是国家意志的体现，内涵是极其丰富和复杂的，它的选择、制定、实施及执行的结果，既受到社会各个方面的制约，也会给社会的各个方面带来深刻的影响。因此，高考招生优惠政策在保障学生高等教育权利的同时，也因为学生成绩状况

---

[1] 金东海，王爱兰. 关于我国少数民族学生高考优惠招生政策若干问题的思考[J]. 西北师大学报(社会科学版)，2007(01)：81-84.

给学生入学质量及其进入大学后的发展带来影响。[1]

6.1.2.1 招录的成绩不足影响学生在大学的学习成效

本研究的调查结果显示，抽样学生中有20%以上的学生享受了高考加分政策。根据抽样地区某省高校招生办公室数据统计显示，享受高考加分政策被录取的新生占全部新生的9.23%。通过对此高校随机抽取20名学生，其中包括5名理科、5名文科，共计10名享受加分政策学生，以及5名理科、5名文科，共计10名未享受加分政策学生，再从该校教学管理部门调取这20名学生入学以来第一学期期末考试中的主要5门专业课的平均成绩进行对比后发现：①从高考录取成绩上来看，未享受加分政策学生中有1人是在录取分数线以下被投档录取的，享受加分政策学生中有2人是在录取分数线以下被投档录取的；②从进入大学后第一学期期末考试的五门主要课程的平均成绩来看，未享受加分政策学生的成绩普遍好于享受加分政策学生；③从具体考试科目成绩上显示，未享受加分政策学生没有低于60分的课程成绩，享受加分政策学生中有2人2门课程成绩低于60分。

这部分调研显示：①就入学准备的学科成绩指标而言，少数民族学生和汉族学生在高考录取线上存在一定差距；②入学成绩的不足影响学生进入大学以后的学习成效，就入学后第一学期期末的主要5门专业课程成绩来看，享受高考加分政策的学生的平均成绩普遍低于未享受加分政策的学生，这也说明高中阶段成绩不足的状况已经对学生进入大学后的学业完成产生明显影响。中共中央、国务院于2014年8月印发了《关于深化考试招生制度改革的实施意见》并明确提出“要改革考试形式和内容，完善高中学业水平考试，规范高中学生综合素质评价，深化高考考试内容改革”。可见，国家已经开始重视将学生高中时期学业水平及综合能力的评价与高考制度的改革紧密联系在一起，目的也是提高学生大学入学准备度，提高学生的

---

[1] 敖俊梅. 少数民族高等教育招生政策探讨[D]. 北京：中央民族大学，2004.

高等教育入学质量，这也将是今后持续推动高考招生制度改革应重点关注的领域。

6.1.2.2 优惠政策对入学准备不足的学生产生了心理依赖

高考是具有鲜明中国特色的基本的教育考试制度。作为中学和大学之间的桥梁，高考不仅对大学选拔新生、中学的教育和教学具有调节与指挥作用，而且承载着整合教育系统、维系社会稳定的重任。[1] 但是，学校教育的发展旨在对学生构建起“挑战与支持”相平衡的环境，从本研究的问卷和访谈调查的结果看，高考优惠政策对教育资源受限及少数民族学生高等教育入学机会的获得起到了重要推动作用。从政策支持的角度来看，他们虽然学习成绩不足但是比起那些入学准备度较高的学生而言，可能更容易获得高等教育入学机会。这也再次说明，高考优惠政策的导向只是过多地关注了这部分学生高等教育机会的获得，而忽视了这一政策对他们学习质量发展的影响。在深入访谈的调查中还发现，一部分学生对高考优惠政策产生依赖心理，也使他们的学习动机、学习积极性都不同程度地出现了下降趋势。

我国的高考加分政策实行多年，本意是增加教育资源受限地区学生的高等教育机会，让他们能高质量地享受到系统和正规的高等教育。但是如果基础教育质量无法跟进，学生又缺少挑战性的学习环境，势必会造成自身的努力程度下降进而对教育优惠政策产生依赖心理，不利于人才培养和学生的全面发展。

6.1.2.3 政策过度支持反而影响学校人才培养质量的提高

根据抽样地区某高校招生办公室的数据统计，每年入学新生中大约有3%的学生是享受了高考加分政策或者是通过其他渠道被录取的，从高校提高人才培养质量的角度来看，这部分学生也逐渐成为学校提高教学质量重

[1] 刘额尔敦吐. 中国高校少数民族招生考试政策研究[M]. 武汉：华中师范大学出版社，2008：1-3.

点关注的群体。在访谈中，这所大学的教务管理人员、学生工作人员以及专业课教师对此都表达了希望改进相关准入政策的意见或要求。高等教育是以培养高级人才为目标的高层次教育，高校的课程结构也是以有利于探究高深学问的方式来加以组织的。[1] 学生通过高考加分政策虽然获得了高等教育的入学机会，但是基础教育阶段知识掌握得不全面、不扎实的情况在进入大学学习专业课程时会立即显现出来。为此，教师和学生都可能要花费更多的时间、精力来弥补基础教育阶段的知识不足问题，进而影响高等教育整体质量的提高。

6.1.3 资助政策

在我国，为学生进入大学前的干预计划较少，同时各省（自治区、直辖市）经济发展水平的差异，也造成不同地区对学生进入大学前干预力度的差别。

6.1.3.1 经济困难学生的入学资助项目覆盖面较小

在本书的调查中，关于“家庭全年的经济总收入状况”，其中有 43.8% 的受访学生表示在 10 000 元以下，有 24.9% 的受访学生表示在 10 001~30 000 元，有 15.9% 的受访学生表示在 30 001~50 000 元。总体来看，抽样学生的家庭年经济收入状况普遍不高（见表 6-1）。

表 6-1　抽样学生的家庭全年经济总收入情况统计

家庭全年总收入/元	人数/人	百分比/%	有效百分比/%
10 000 以下	1611	43.8	43.8
10 001~30 000	916	24.9	24.9
30 001~50 000	585	15.9	15.9
50 001~80 000	349	9.5	9.5

[1] 潘懋元，王伟廉. 高等教育学[M]. 福州：福建教育出版社，2013：94.

续表

家庭全年总收入/元	人数/人	百分比/%	有效百分比/%
80 001～100 000	155	4.2	4.2
100 000 以上	63	1.7	1.7
总计	3 679	100	100

随着我国高等教育事业的发展，高校的收费标准也在不断提高。高校的收费相对高中的收费存在标准高、种类多的特点，对于家庭经济收入较低的学生来讲，高校的收费标准及资助政策也是影响他们高等教育入学选择的重要因素。图 6-2 主要显示了抽样学生每学年大学学费和住宿费的缴纳水平。

如图 6-2 所示，对于大学期间需要缴纳的学费和住宿费标准，4.5% 的受访学生表示免学费及住宿费，7.7% 的受访学生表示在 1 000 元及以下，34.8% 的受访学生表示在 1 000～2 000 元，48.5% 的受访学生表示在 2 000～5 000 元，4.5% 的受访学生表示在 5 000 元以上。如图 6-3 所示，对于大学期间缴纳学费和住宿费的来源，77.9% 的受访学生表示是由父母或亲戚支付，5.5% 的受访学生表示是自行支付（存款、打工收入），2.0% 的受访学生表示是奖学金，8.7% 的受访学生表示是助学金，1.7% 的受访学生表示是助学贷款，1.7% 的受访学生表示是社会捐赠，有 2.5% 的受访学生表示是其他来源。

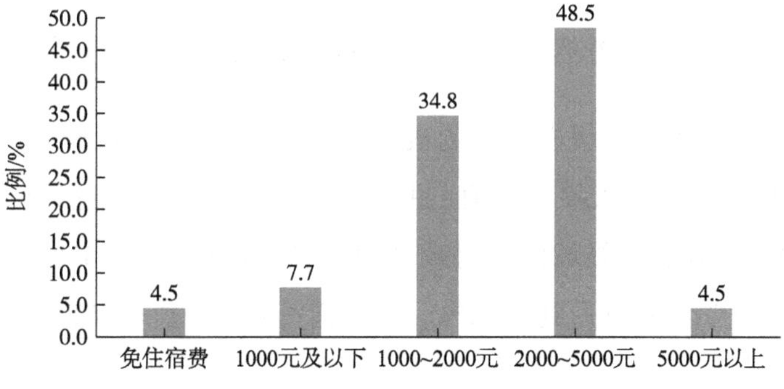

图 6-2　抽样学生大学学费和住宿费缴费情况统计

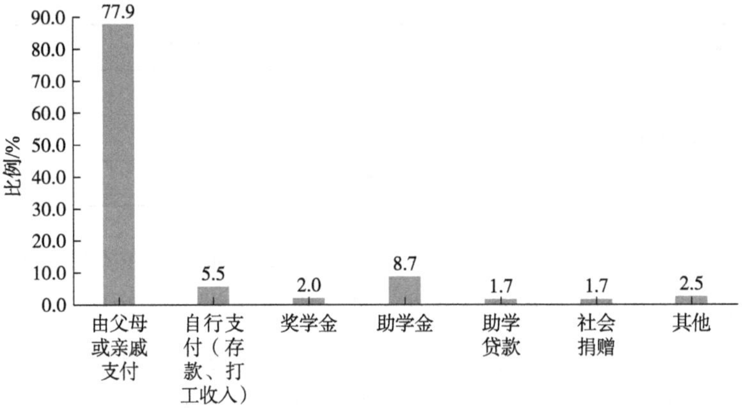

图 6-3　抽样学生大学缴费的主要来源统计

上述情况反映了抽样学生家庭经济收入情况及大学的缴费标准和缴费主要依靠来源。在家庭经济年收入上，有 43.8% 的学生家庭处于 10 000 元以下水平；在缴费标准上，大学学费和住宿费在 2000～5000 元缴费区间的比例最高，达到了 48.5%，因而高校的收费标准已经成为许多学生家庭主要的经济负担；在缴费的主要来源上，有 77.9% 的学生是由家庭或亲戚来支付的。这一方面说明了学生家庭经济收入是承担高校收费的主要来源，对经济收入较低的学生家庭而言面临着缴纳学费的较大压力；另一方面也说明了，现阶段政府和社会对困难学生的资助力度和方式还没有形成一定的合力，资助力度和覆盖面还不够深和广。

6.1.3.2　当前仍然缺乏多渠道的社会力量办学形式

由于经济发展水平缓慢，市场机制和社会组织发展还不完善，西部地区对教育的供给更多依赖于政府的投入与支持，缺乏社会捐资办学力量。在 2021 年，新疆教育领域国家财政性教育经费占比为 93.55%，社会团体和公民个人办学经费仅占到 0.04%，社会捐资办学经费也仅有 0.22%[1]；甘

[1] 新疆维吾尔自治区统计局. 2021 新疆统计年鉴[EB/OL].（2022-03-02）[2022-11-19]. http://tjj.xinjiang.gov.cn/tjj/jykjvr/202203/949e4718c9d44b5badd7b4ab26fb1d4d.shtml.

肃省国家财政性教育经费占比为 88.96%，社会团体和公民个人办学经费仅占到 0.20%，社会捐资办学经费也仅有 0.11%。[1] 在市场层面，西部地区的市场机制尚未发育成熟，中小型企业发展较为缓慢，普遍缺乏供给教育公共服务的能力，多元主体供给教育公共服务的模式很难在短时间内推广开来。另外，西部地区地域广阔，离沿海经济发达省份的距离相对较远，企业经营的各种成本逐年升高，投资者获得的收益较小，因此很多外地投资者不愿“舍近求远”到西部地区投资。从社会组织机构层面来看，西部地区的社会团体及志愿组织发展还不成熟，社会组织发展程度较低。截至 2021 年年底，我国共有社区服务机构和设施 56.7 万个[2]，34 个省（自治区、直辖市）平均拥有社区服务机构和设施数为 16 676 个，而甘肃省社区服务机构和设施为 14 739 个[3]，青海省为 4 857 个[4]，新疆维吾尔自治区为 12 599 个[5]，总体看来西部地区社会组织机构的服务水平远低于全国平均水平。相对于社会组织较为发达的沿海省区，西部地区的社会组织总体呈现出“规模小、组织散、能力弱”的特点。教育的发展，需要政府、市场和社会组织发挥各自的优势和特点，构建各主体相互影响、相互依赖的网络式多元供给模式。然而，依照现阶段西部地区政府、市场及社会组织的发展现状，构建多元渠道捐资办学的模式依然任重道远。[6]

在本研究的调查中发现，就“高中期间是否接受过社会资助”情况而

---

[1] 甘肃省统计局. 2021 甘肃统计年鉴[EB/OL]. (2021-12-24)[2022-11-19]. http://tjj.gansu.gov.cn/tjj/c109464/info_disp.shtml.

[2] 中华人民共和国民政部. 2021 年民政事业发展统计公报[EB/OL]. (2022-8-26)[2022-11-19]. https://www.mca.gov.cn/n156/n189/index.html.

[3] 甘肃省统计局. 甘肃省 2021 年国民经济与社会发展统计公报[EB/OL]. (2022-03-30)[2022-11-19]. http://tjj.gansu.gov.cn/tjj/c109457/202203/2000738.shtml.

[4] 青海省人民政府. 2021 年陕西省国民经济与社会发展统计公报[EB/OL]. (2022-02-28)[2022-11-19]. http://tjj.qinghai.gov.cn/tjData/yearBulletin/202203/t20220301_255439.html.

[5] 新疆维吾尔自治区统计局. 新疆维吾尔自治区 2021 年国民经济与社会发展统计公报[EB/OL]. (2022-03-21)[2022-11-19]. https://tjj.xinjiang.gov.cn/tjj/tjgn/202203/7ab304445f174a7eb1f5165be4f94041.shtml.

[6] 朱晓静. 新疆教育公共服务体系及其优化研究[D]. 北京:北京师范大学,2016.

言，54.1%的受访学生表示接受过减免学费或助学金，22.4%的受访学生表示接受过奖学金，5.6%的受访学生表示接受过社会捐助，15.0%的受访学生表示无任何资助，2.9%的受访学生表示接受过其他资助（见图6-4）。

如图6-4所示，抽样学生中有超过六成在高中期间接受过减免学费或助学金，而主要的助学资金来源还是依靠国家和政府的财政专项拨款。政府财政专项拨款对于家庭贫困的学生完成高中学业有重要帮助和影响，但是学费减免后，依然还有很多学生面临寄宿费、伙食费、图书课本费等开支压力，因此仅靠政府的财政支持显然远远不够，还需要社会多方力量投入。

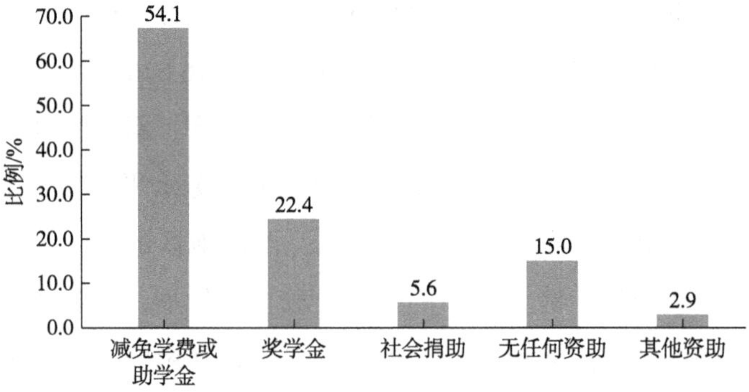

图6-4　抽样学生高中期间享受社会资助情况统计

6.1.4　衔接教育

从高中过渡到大学，学生面临着由单一环境的学习状态进入大学多元环境的转变，许多学生会在角色转换上出现不同程度的适应困难。因此，如果能够建立起高中和大学的有效衔接教育，既能帮助学生提前了解大学的知识结构、教学环境以提前确定自己的高等教育选择目标，还能使学生在进入高校环境后能尽快地适应环境、发展自我。

目前，我国大学和中学的衔接教育还没有很好地对接起来，没有建立起“一以贯之”的科学人才培养体系，当前还是以完成各自阶段的教育目标为主要特征。

高中与大学教育之间尚没有建立起应有的组织，学生基本都是按照教育层次，高中毕业要么考上大学继续深造，要么选择复读高中或者放弃高考，这也是学生在高中时期无法有效获取大学知识的原因之一。

6.2 学校要素

在现代社会中，学校教育对人的作用巨大。学校提供系统的知识体系和基本技能，挖掘个人的潜能，发现并发展其特长，使之走出校门后能够为社会作出贡献，实现个人的价值。同时学校还向学生灌输和教化社会特定的价值规范，培育他们美好的道德品质和健全的人格，培养他们良好的行为习惯，使他们能够自觉遵守各种社会规则，扮演各种社会角色，能够与社会良好互动。[1] 在本研究的调查中发现，学校氛围、学校投入和课堂环境对学生发展及大学准备度都具有重要影响。

6.2.1 学校氛围

6.2.1.1 “高考压倒一切”的氛围普遍存在

学生进入高中后，课业压力明显增大，学校应该为学生创建更加良好、宽松的学习环境。但是在本研究的调查中发现，本科新生普遍认为在高中期间学校的一切行动的出发点都是为了高考，有些学校竟然从高一开始就挂起“倒计时牌”，喊出“决战口号”，如“不成功便成仁”“美好人生都是通过高考实现的”“考不出好成绩愧对父母、愧对家庭”等，这样一来给高中学生心理造成了很大压力，反而对他们的大学入学准备发展产生不利影响。

学校内部的人文环境包括学校的传统、校风、学风、人际关系、集体

[1] 龚晓洁，张剑. 人类行为与社会环境[M]. 济南：山东人民出版社，2011：10.

舆论、心理氛围及学校的各种规章制度和学校成员在共同活动交往中形成的非明文规范的行为准则。❶ 健康的校园文化氛围，可以陶冶学生的情操，启迪学生的心智，促进学生的全面发展。在本研究中，本科新生在高中教学环境中，由于受到高考导向的目的性教育，多数学生感受到较大的心理压力，反而影响学习效果。

6.2.1.2 存在“好学生越好，差学生越差”的现象

在本研究的调查中发现，本科新生普遍认为在高中时期，几乎所有的任课老师都喜欢成绩好的学生。这样一来，对那些成绩基础相对薄弱的学生来说，受到的关注及学习习惯、方法的培养和自我效能的发挥都产生了消极的影响。

学习过程因学习者而异，学习者不仅学习方法各不相同，而且他们在学习过程中纳入个体经验。❷ 本研究认为，“一刀切”式的教学方法和意识不利于学生的个性培养和开展“以学生为中心”的教育教学。

6.2.2 学校投入

6.2.2.1 重点学校的学生大学准备度明显偏好

从现代普通高中教育的历史发展看，普通高中教育原本就是大学阶段的“预备教育”，是为学生升入大学做准备。而且，越是优质的普通高中，越是强调这种自身的大学预备性质，这是不争的事实。❸ 本研究调查发现，抽样学生中只有7%的学生在高中时期就读的是重点中学，93%的学生在高中时期就读的是普通中学（见表6-2），学生享受优质教育资源的分布存在

❶ 高志强，郭丽君. 学校生态学引论[M]. 北京：经济管理出版社，2015：129.

❷ 赵勇，大卫·拉斯提克，等. 好学校好学生：美国优质教育之借鉴[M]. 杨文中，译. 上海：华东师范大学出版社，2006：65.

❸ 石中英. 关于现阶段普通高中教育性质的再认识[J]. 教育研究，2014，35(10)：18-25.

较大差异。

表 6-2　样本学生就读的高中不同类型统计

高中类型	频率	百分比/%	有效百分比/%
重点高中	258	7.0	7.0
普通高中	3421	93	93
总计	3679	100	100

学校教育资源是教育生态系统的生存前提和发展基础，学校教育能否获得稳定的、不断增长的资源投入，投入教育的资源能否得到充分有效的使用，在相当大的程度上取决于教育生态区域的资源是否得到了合理的配置。[1] 虽然各级政府都在要求中学阶段不得设置重点学校、重点班，承认学生个体差异，力求教育无差别化，但是这一现象仍然存在，而且社会的评价体系、媒体的关注及学生的升学率都在不同程度推动普通中学的分化。如表 6-3 所示，西部三省（自治区）的重点中学大多数分布在首府/省会城市或者经济较好地区，总体上存在着优质教育资源分布不均衡的问题。

表 6-3　西部三省（自治区）前 10 所重点中学分布情况

新疆		甘肃		青海	
学校名称	学校所在地	学校名称	学校所在地	学校名称	学校所在地
乌鲁木齐一中	乌鲁木齐市	西北师范大学附属中学	兰州市	青海湟川中学	西宁市
兵团二中	乌鲁木齐市	甘肃省兰州第一中学	兰州市	西宁二中	西宁市
乌鲁木齐八一中学	乌鲁木齐市	天水市第一中学	天水市	青海师范大学附属中学	西宁市
乌鲁木齐七十中	乌鲁木齐市	兰州大学附属中学	兰州市	西宁市第十四中学	西宁市

[1] 贺祖斌. 高等教育生态区域的资源配置与优化[J]. 黑龙江高教研究,2006(11):1-3.

续表

新疆		甘肃		青海	
乌鲁木齐八中	乌鲁木齐市	兰州化学工业公司总校第一中学	兰州市	青海师范大学附属第二中学	西宁市
新疆师范大学附属中学	乌鲁木齐市	金川公司第一高级中学	金昌市	湟中区第一中学	西宁市
哈密地区二中	哈密市	兰州炼油化工总厂第一中学	兰州市	西宁市第四中学	西宁市
新疆实验中学	乌鲁木齐市	甘肃省庆阳第一中学	庆阳市	西宁市第五中学	西宁市
伊宁三中	伊宁市	静宁县第一中学	平凉市静宁县	乐都县第一中学	海东市
阿克苏地区二中	阿克苏市	定西市第一中学	定西市	互助县第一中学	海东市

资料来源：新疆：https://www.027art.com/gaokao/HTML/nR387S9110lM66.html；甘肃：https://www.cdzzxxe.com/cdzzxxe/11239.html；青海：https://www.52souxue.com/plus/view.php? aid=287096。

在对学生访谈的资料整理中发现，重点中学的学生在学习方法与资源利用上明显比普通中学学生表现要好，这有力地促进了他们大学入学准备度的发展。推进教育均衡化、生态化发展，让每所学校在同一起跑线上，是营造教育生态环境的物质基础。[1] 根据本研究的调查结果，西部地区高中优质资源分布明显不均衡，而且教师队伍也存在“不均衡”的现象，这些都是影响学生发展入学准备度水平的重要因素。

6.2.2.2 偏远地区学校无法提供有效的入学辅导

从教育的发展规律来看，自然环境好、交通便利、与外界信息沟通畅通的地区，往往获取信息资源的速度更为快捷和方便。例如，新疆的 17 个边境扶贫重点县的贫困村，主要都分布在高寒山区和偏远地区，贫困村平

[1] 吴林富.教育生态管理[M].天津:天津教育出版社,2006:106.

均距县城 39.76 公里，22.98% 的贫困村距县城 50 公里以上，11.51% 的贫困村距县城 100 公里以上，人们很少与外界往来，有的农牧民甚至一辈子没有进过县城。[1] 受自然环境和教育资源的影响，这些地区的学校在教育理念、教学方法和教学内容等方面还相对比较落后，同时由于师资队伍及水平的影响，这些学校对高中学生无法提供有效的入学辅导。

我国教育家黄济先生曾经指出："地理环境，不但对人类生存和发展产生巨大影响，而且，对文化教育环境的发展也直接产生着影响。"[2] 尤其是西部地区更偏远的农牧区、山区，由于自然环境恶劣、交通不便，给当地学生上学带来了诸多困难，这些地区还因为教育资源紧缺，办学条件不足，学校所承载的教育人口容量也很有限。因此，要提高高等教育入学质量，就必须改善基础教育阶段的办学环境，促进人与生态环境的和谐发展。

6.2.3 课堂环境

6.2.3.1　班级规模过大影响学习效果

在高等教育大众化背景下，大班教学已经成为国内外高校甚至中学普遍采用的教学形式。[3] 班级规模是一个十分重要的学习资源，影响教学的空间组织形式、学生参与课堂的机会、学生获得个别指导的机会、学生获得教师公正期望的程度及课堂的纪律环境等。[4] 还有学者认为，班级规模影响的不仅仅是学生课堂的行为和表现，实际上无形中也带来了学习机会的公平性问题。[5] 在访谈中，很多学生反映高中时期的班级人数太多，教学效果

---

❶ 朱晓静. 新疆教育公共服务体系及其优化研究[D]. 北京:北京师范大学,2016.

❷ 黄济. 教育哲学[M]. 北京:北京师范大学出版社,1985:55.

❸ 杨春梅,杨艳萍. 高校大班课堂有效教学的实证研究[J]. 大学(学术版),2013(12):55-63+46.

❹ 李方安,张良才. 班级规模:一个不容忽视的学习资源[J]. 教育科学,2001(3):47-49.

❺ 田慧生. 教学环境论[M]. 南昌:江西教育出版社,1996:73.

非常不好，影响学生的听课效果，而且越是重点学校的重点班级，人数越多。

6.2.3.2 课堂环境中缺少升学文化的营造

我国的高中课堂里大都是以任课教师对文化课知识点的教授为主，缺少通过课堂环境对学生施以大学文化的影响。

校园文化作为一种环境教育力量，对学生的健康成长有着巨大的影响。课堂文化建设是校园文化环境建设的重要组成部分，课堂中的各种因素都可能对学生的认知产生潜移默化的影响。[1] 在“以学生为中心”的教学环境中，学生需要意识到他们的学习行为与学习成果之间存在一种因果关系，他们应为此承担起学习责任。在这一过程中，教师的作用是创造一个支持性的环境来有效帮助学生承担学习责任。本研究发现，教师在课堂教学中，大都只顾完成教学任务，教学重心多是为了提高学生今后的高考成绩，忽略了大学知识与文化氛围的营造。

6.3 教师要素

6.3.1 教学方法

6.3.1.1 缺乏为学生营造挑战性的学习任务

美国教育学者纳茨基等人认为，在高中教学中使用具有挑战性的学习任务和有目的的教学方法会使学生储备进入大学时所需的技能和知识，提

[1] 田慧生. 教学环境论[M]. 南昌：江西教育出版社，1996：334.

高他们在大学的表现，弥补学术知识上的差距。[1] 但是在本研究的调查中发现，大部分学生都反映在高中时期，教师基本都是按照既定的教学内容、教学进度讲解课程，教师们也普遍认为“按照教学大纲完成教学任务”是首要责任。这样一来，学生学习的基本都是书本上、程序性的知识内容，难以接触更高一级的知识信息。

以学生为中心的课堂，需要教师给学生“悬念的期望”。或许这样的课堂比以教师为中心的课堂更有序、更有效率，但是只要教师有能力让学生理解和组织学习问题，扮演好学习环境的提供者、学习问题的咨询者、创造性学习的合作者、心理的支持者及资源的弹性支持者的角色，课堂教学就会更有效果。[2]

6.3.1.2　注意到个体差异但缺少适应性的教学

对于教师而言，每堂课上都存在着大量的个体差异表现，而且不管教师有多么丰富的教育经验，这些差异总会影响到教师的教学效果。要想使教学适应个体差异，教师必须成为一名反思型教师。[3] 反思型教师把学生的直接经验和课堂互动（提问、讨论、课题和合作活动等）也作为教学工具。通过降低讲演和直接传授的比重，鼓励学生利用自己的经验来积极建构对知识的理解。在本研究的调查中发现，大多数学生都反映在高中期间教师基本都存在“满堂灌输”和“只追求完成课堂教学任务”的现象。这样一来，对于学习好、理解能力强的学生可能来说影响较小，但是对于那些学习基础比较薄弱的学生而言，可能就形成了困难叠加的效应，即一堂课听不懂再加上课后没有消化的渠道，就可能造成这门课程的成绩越学越差，难以取得最后优良的学业表现。

---

[1] TORNATZKY L G, CUTLER R, LEE J. College knowledge: What Latino parents need to know and why they don't know it[J]. Tomas Rivera Policy Institute, 2002, 76(2): 18.

[2] 赵亚夫. 浅议以学生为中心的历史教学评价[EB/OL]. (2018-09-28)[2018-11-28]. https://wenku.baidu.com/view/cde3825017fc700abb68a98271fe910ef02dae7d.html.

[3] 加里·D. 鲍里奇. 有效教学方法[M]. 易东平, 吴康宁, 译. 北京: 教育科学出版社, 2005: 1-2.

巴尔和塔格曾指出，“如果说传授范式的模式是授课，那么学习范式的模式则是设计和参与团队游戏”❶。在“以学生为中心”的教学中，课堂学习效果并不能简单地用分数进行评价，更重要的衡量标准应该是挖掘学生潜能来促进学习。在本研究中，高中教育阶段，教师的教学形式和方法较为单一，虽然注意到了学生的个体差异性，但是在实际教学中缺乏对不同学生的适应性教学。

6.3.2 师生关系

6.3.2.1 除班主任以外的师生关系较为淡漠

师生关系是指教师与学生在教育教学和日常交往中，学生所能感受到的一种心理关系，其对于学生的学习有重要影响。有学者对北京市中学的2267名学生进行师生关系与学习投入的研究，结果表明在目前的教育环境下，师生关系处于中下水平，学习投入处于中等水平。❷ 在本研究的调查中发现，大部分学生都表示高中期间由于和班主任接触的机会最多，班主任有时候还进行家访来了解学生的背景信息，因而和班主任之间的师生关系较为紧密；而其他的任课教师因为只有上课时间才有接触，课后很少有交流的机会，因而关系比较淡漠。良好的师生关系是提高学校教育质量的保证。在“以学生为中心”的教学中，教师是促进者、组织者和研究者，师生关系受到教学过程和结果的直接影响。在本研究中，学生和班主任以外的其他任课老师关系较为淡漠，是不利于学生全面发展的。

6.3.2.2 为完成教学任务和目标而缺少课堂互动设计

课堂互动教学意味着人人参与和平等对话，师生相互尊重与接纳，相

❶ 杨春梅.高校以学生为中心的教学:理念与路径[M].北京:北京理工大学出版社,2018:6.

❷ 马力,姜蓓蓓,杨瑞.师生关系对大学生学习投入的影响研究——基于北京市属高校的调查数据[J].思想教育研究,2017(7):121-124.

互言说与倾听，彼此实现精神世界的拓展，促进主体性的不断生成与发展。❶ 2011 年修订的《基础教育课程改革纲要（试行）》中明确提出：“教师在教学过程中应当与学生积极互动、共同发展，要处理好传授知识和培养能力的关系，注重培养学生的独立性和自主性。”❷ 但是，在现实的教学过程中，当教师和学生都以高考为教学导向时，每一堂课的知识信息量都很大，使得教师为了要完成每节课设定的教学任务，难以留出和学生互动，以及学生与学生之间讨论问题的时间。根据本研究的调查统计显示，对于高中期间“与老师就知识点、作业等情况的讨论频率”，10% 的受访学生表示从未有过，52.5% 的受访学生表示偶尔，31.4% 的受访学生表示经常，6.1% 的受访学生表示常常（见图 6-5）。整体来看，抽样学生高中时期在课堂中与教师互动讨论的频次不高。

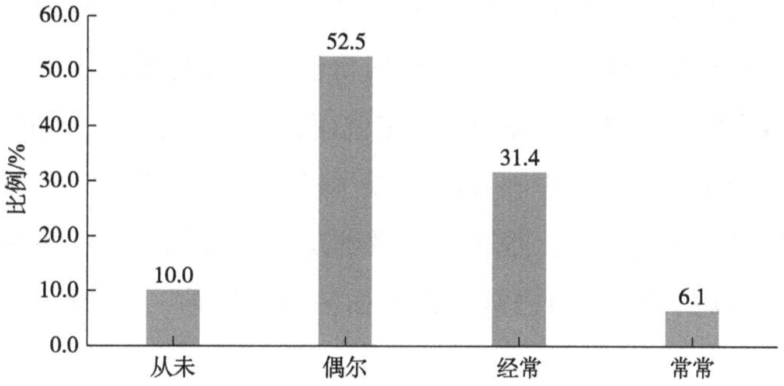

图 6-5 抽样学生高中期间与教师的互动频率

美国艾奥瓦州高等教育委员会通过研究认为，“以学生为中心”的课堂教学能带来有效的教学，这种课堂中，教师围绕着与真实世界相关的学习内容，把更多的精力聚焦在如何让学生投入到学习活动中，是真实的、全面的和富有挑战性的。❸ 《国家中长期教育改革和发展规划纲要（2010—

---

❶ 孙泽文. 课堂互动教学研究[D]. 武汉：华中师范大学，2008.

❷ 王一军. 教育的“语言禀赋”与“纷争精灵”[J]. 江苏教育，2018(78)：65-67.

❸ Iowa Department of Education. Iowa core curriculum：characteristics of effective instruction[EB/OL]. (2010-12-27)[2018-12-10]. http://www. Core curriculum. iowa. org/Home. aspx.

2020年）》中也明确指出："当前教育观念相对落后，内容方法比较陈旧，中小学生课业负担过重，素质教育推进困难……"因此，今后提高"以学生为中心"的有效课堂教学理应成为学校教学环境设计与改善需要考虑的主要因素。

6.3.3 职业关注

6.3.3.1 教师自身缺少帮助学生做好职业规划的知识

新的课程改革要求教师要关注学生的近期、中期、远期的发展，要注重学生终身学习的愿望和能力的培养。这就要求教师要改变以往课程过于注重知识传授的倾向，强调形成积极主动的学习态度，在获得基础知识与基本技能的同时学会学习和形成正确的价值观，要打破传统的基于精英主义思想和升学取向的过于狭隘的课程定位而关注学生"全人"的发展。[1] 由此看来，随着新课改，高中教师除了教学以外还要帮助学生做好今后的职业规划。但是在本研究中，很多高中教师反映"都知道这件事情但不知道该怎么做"，以及"认为自己缺少这方面的培训指导"，因此无法有效地指导学生。

社会经济发展对人才的需求，必然要求教育在培养人才的模式上作出变革性调整。马斯洛的需求理论指出人具有自我实现的需要，教师作为生命体也需要不断自我发展、自我实现，教师只有在不断的自我专业发展过程中才能获得一种生命的体验和满足，一种生命的创造和成长。[2] 因此，教师不仅要提高自己的职业规划能力，还应积极帮助即将进入高等教育阶段的高中学生建立起职业意识。

---

❶ 何生赟.新课程对于学生课堂生活的影响[J].教育革新,2005(3):15-16.

❷ 董静.课程变革视阈下的教师专业发展[M].北京:中央编译出版社,2013:102.

6.3.3.2　学校缺少学生职业能力规划的课程与项目

虽然新课改要求教师关注学生的职业能力发展，但是现实中，高中课程都是围绕高考考试科目来设置的，而且教学安排十分的紧凑，开设高中学生职业能力培养课程的时间极为有限。

麦克法兰德指出，职业生涯是指一个人依据心中的长期目标所形成的一系列工作选择，以及相关的教育或训练活动，是有计划的职业发展历程。[1] 对高中学生进行职业生涯规划课程的教育，可以帮助学生及早制订实现人生目标的计划，并且在进入大学后，也会尽快适应环境，积极地投入和参与学习。

6.4　家庭要素

家庭是社会最基本的单位，是人的第一个也是最重要的一个生存环境，其塑造了作为一个个体自身的基本心理特征和行为方式，进而深远影响人的行为。家庭的结构、形式及成员构成和成员之间的关系，家庭的经济状况、家庭氛围、家庭的社会层次及父母的文化程度等，都会对其成员产生不同的影响。[2] 因此，家庭环境不仅影响学生入学前的学业准备，而且也影响着他们进入大学后整个学习期间的学业成就水平及个人的全面发展。

---

[1] 孔春梅，杜建伟. 国外职业生涯发展理论综述[J]. 内蒙古财经学院学报(综合版)，2011，9(3)：5-9.

[2] 龚晓洁，张剑. 人类行为与社会环境[M]. 济南：山东人民出版社，2011：8.

6.4.1 家庭结构

6.4.1.1 人口多的家庭占比大且影响学生的入学准备度

本研究调查统计显示，关于“是否为独生子女”，有 32.1% 的学生选择自己是独生子女，有 67.9% 的学生选择是非独生子女（见表 6-4）。

表 6-4 抽样学生是否独生子女情况统计

独生子女	人数/人	百分比/%	有效百分比/%
是	332	32.1	32.1
否	701	67.9	67.9
总计	1033	100	100

本研究调查统计显示，关于“长期一起居住的家庭成员”中，5.2% 的受访学生表示有祖父，8.3% 的受访学生表示有祖母，2.5% 的受访学生表示有外祖父，3.8% 的受访学生表示有外祖母，83.3% 的受访学生表示有父亲，91.7% 的受访学生表示有母亲，27.7% 的受访学生表示有哥哥，39.2% 的受访学生表示有弟弟，28.2% 的受访学生表示有姐姐，38.5% 的受访学生表示有妹妹（见图 6-6）。

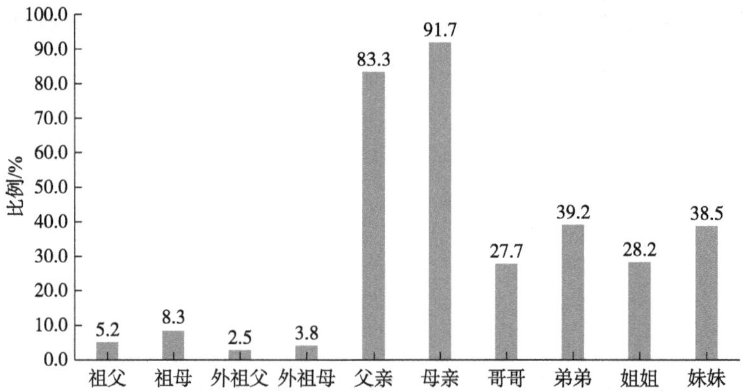

图 6-6 样本学生家庭成员状况统计

在本研究中，从问卷调查和访谈中发现，农村学生家庭以多人口家庭为主，大多数农村学生都有兄弟姐妹，且基本与自己的父母和祖辈一同居住。有学者在对农村家庭子女数量对家庭教育投入的影响进行分析时，发现教育投入与子女数量具有相关性，在被调查对象中，子女数量少的家庭往往经济压力较小，对于单个子女的教育投入较多，子女数量少的家庭教育投入较少。[1] 由此可以看出，家庭人口数量不仅影响家庭经济状况，同时也影响子女的受教育水平乃至对高等教育的投入。还有学者根据帕森斯的行为理论对农村多子女家庭和独生子女家庭的投资行为进行了实证研究后发现：①在教育期望上，独生子女家庭对子女的教育期望没有显著的性别差异，而多子女家庭对子女的期望却存在比较显著的性别差异，例如，30.3%的多子女家庭期望男孩能受到高等教育，女孩仅为 21.9%；②在教育对象的人力投入上，多子女家庭多对孩子的假期作具体安排且以干农活为主，而子女少的家庭尤其是独生子女家庭很少对子女的假期进行控制；③在不同子女数量的家庭对孩子升学的选择上，随着家庭子女数量的增加，家庭更容易选择让未升学的孩子直接转变为家庭劳动力，而随着家庭子女数量的减少，选择继续进行教育投入的行为却明显增多。[2] 且不讨论是什么原因造成西北农村家庭多子女的现状，但是子女数量多肯定意味着教育机会和教育投入要进行分配，家长和学生都面临着选择，因此既要转变家庭的生育观也要建立完整的教育观。

6.4.1.2　农村学生家庭关系和谐但教育期望相对较低

人际关系是人类在社会发展过程中的必备心理需求，人际关系不仅影响着学生的心理健康水平、社会适应能力等综合能力，很大程度上也影响着学生的教育行为及教育期望。家庭作为青少年接触社会的第一场所，对

---

[1] 杜堂，任丽莉，刘守义. 农村家庭子女数量对农村家庭教育投入影响的研究[J]. 安徽农业科学，2009，37(24)：11781-11788.

[2] 龚继红，钟涨宝. 农村家庭子女数量对家庭教育投资行为影响的实证研究——基于湖北省随州市农村家庭的调查[J]. 经济师，2006(8)：222-223.

青少年的成长和健康有重要的影响。家庭成员之间，尤其是父母之间的关系对青少年的行为、心理影响最大。❶ 从本研究的调查中发现，关于受访学生与父母的关系情况，其中 83. 18% 的受访学生表示亲密；15. 59% 的受访学生表示普通；1. 23% 的受访学生表示疏远（见图 6-7）。总体来看，抽样学生与父母关系比较亲密。但是在访谈中，也发现农村家庭父母对学生教育期望相对偏低。

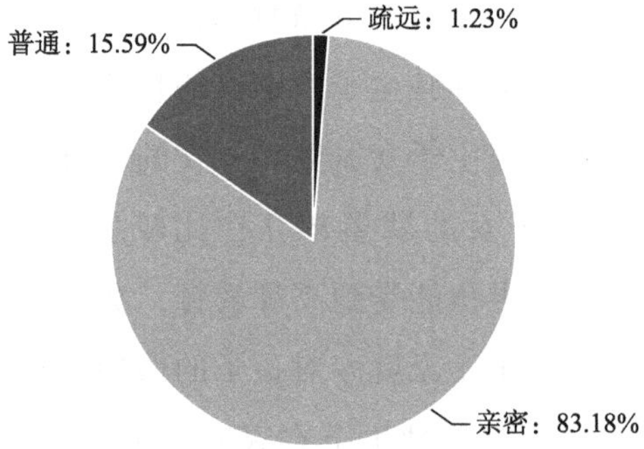

图 6-7　抽样学生与父母的关系情况统计

目前，我国家庭教育普遍存在的问题是家长期望水平过高，造成了对子女学习与身心发展的严重不利。期望过高，就是家长不论子女的能力、兴趣和原有水平，都希望其考上重点高中、名牌大学。抱着这种态度的家长，往往误认为期望越高，孩子学习的动力越大。❷ 但是从学生全面发展的角度来看，父母对孩子的期望过高往往不利于孩子身心的发展，而且会产生过度的心理依赖。

6. 4. 2　家庭资本

罗伯特认为学生间的重要差异就是家庭资本的差异。即使在几乎所有

❶ 荆春霞，王声湧，等. 家庭关系及教育方式对青少年健康的影响[J]. 疾病控制杂志，2005(1)：72-73.

❷ 魏晨明，曲振国. 今天，我们如何做父母[M]. 北京：中国社会科学出版社，2016：22.

人都是相同民族和有着共同宗教信仰的乡村小镇中，银行家、医生和教师的孩子与农场工人和家政服务者的孩子也很可能体验不同的养育方式。[1] 家庭资本所反映的不仅仅是收入水平和受教育水平的差异，还伴随着与之相应的一系列普遍的行为方式、期望和态度，这些都与其他各种文化因素相互交叉，并受到其他因素的影响。学生拥有怎样的家庭资本，很可能对他们在学校的态度和行为产生深远的影响。[2]

6.4.2.1　家庭经济收入水平对学生学习投入的影响

家庭经济收入水平是维持家庭物质生活条件的基础和保证，同时也对子女的入学准备度有着显著的影响。家庭经济收入水平的差异，决定着物质生活水平的不同，这也在不同层面上使子女在接受教育过程中所能获得的物质条件受到限制和约束，进而直接影响着子女所就读的中学类型、是否能够参加课外补习及购买各类辅助提高学习效率的书籍与工具等。恩格尔系数的研究也表明，家庭的收入越低，总支出中用于食品的比例越高；随着家庭收入的提高，食物在家庭支出中所占的比例也会下降。也就意味着经济贫困家庭中的支出主要用于支付食品、住房及生活费用等，子女教育支出的费用受到严重挤压。相反，家庭经济收入水平较高的家庭，可以用更多的支出保障和提升家庭的物质生活水平，从而为子女的德、智、体、美、劳等方面的发展和教育提供充足的物质条件。从西部地区社会经济发展情况来看，收入低、消费增大、生活成本加大是各民族群众面临的基本生存问题。在本研究中，有六成以上的学生来自农村，65%以上的家庭年经济总收入在 3 万元以下。家庭经济收入低，会降低家庭的支付能力，进而影响入学的可能性。有学者对学生的家庭支付能力进行研究后发现，对于高校学费，许多学生认为其家庭需要压缩生活开支才能勉强承受，如果学费

---

[1] 罗伯特·斯莱文. 教育心理学理论与实践[M]. 吕红梅，等，译，北京：人民邮电出版社，2016：75.

[2] BYRNES J P，MILLER D C. The relative importance of predictors of math and science achievement：An opportunity－propensity analysis［J］. Contemporary educational psychology，2007，32(4)：599－629.

水平不断提高，则学生继续上学的意愿就不断减退甚至会选择放弃求学。

家庭经济收入低，还会影响父母对学生课外教育手段的投入。本研究的调查中，对于“就读高中阶段是否利用过相关校外教育手段”一题进行性别因素交叉分析后，男女生答题的分布情况分别是：61% 的和 70. 3% 的受访学生表示没有参加过校外培训课程，13% 和 5. 9% 的受访学生表示参加过“一对一”家教辅导，24. 3% 和 22. 1% 的受访学生表示参加过课外补习班，同样都是 1. 7% 比例的男生和女生表示利用过网络课程或教辅软件（见图 6-8）。这也说明有相当数量的学生在大学入学准备的课程与知识信息获取上缺少家庭有效的投入。

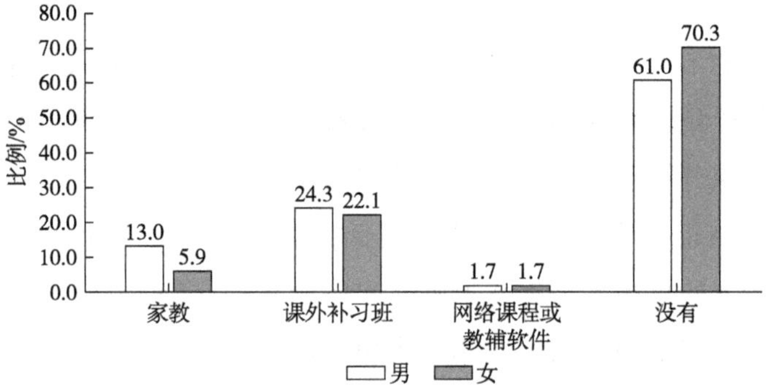

图 6-8　样本学生高中时期参加校外培训课程的统计

家庭经济收入低，还会影响学生的心理发展。尽管学生进入高中阶段基本解决了缴纳学费、缴纳住宿费的问题，但是伙食费、交通费还有学杂费等开支对于很多贫困家庭来说依然是一笔不小的开支。而吃饭吃什么，穿衣穿什么，都会对家庭经济收入低的学生在心理上造成一定负担。这些学生还可能会把这种心理压力带入大学，进入大学后，学习环境、学习方式都会发生变化，消费水平的不同都可能对他们造成影响。近年来，随着社会竞争的加剧，他们面临着更大的压力，与非贫困生相比，在经济贫困的同时，又由于长期以来西部边远贫困地区中小学师资水平低、教学质量差的客观状况，他们在享受国家教育优惠政策进入大学后，因文化基础薄弱，专业学习困难，由此引起心理上的自卑。与其他学生相比，西部地区高校贫困生在经济困难、受人误解或偏见和就业忧虑等方面的感受较为突出。家庭经济状况的影响在学校系统环境中随处可见，对学生的教育质量和教育机会都产生着广泛的影响。虽然由于国家政策的照顾，更多的学生可以获得向大学流动的机会，但是家庭经济基础的薄弱，依然使他们在学习保障的物质条件上处于弱势地位，既阻碍了他们在高中的学习质量，又影响了他们在大学的发展。

6.4.2.2　父母的文化程度影响学生的入学水平

家庭是学生获得文化资本的重要场所，不同的家庭由于各自拥有的文化资本不同，学生的成长环境与社会文化也就相应地不同，从而导致学生教育结果出现差异。[1] 家庭文化资本的测量维度很多，其中父母的文化程度是家庭文化资本的重要标志。大量的实证研究都发现父母的文化程度对子女高等教育入学有重要影响，例如，学者陈举对江苏省13所高校的655名新疆籍少数民族大学生进行了家庭背景对高等教育质量的影响研究，结果发现，父母的文化程度和家庭经济状况对子女高等教育获得的质量有显著影响。但是，在子女获得“211”院校还是“985”院校的教育选择上，父母文化程度的影响力并不一致。[2] 根据本研究调查统计显示，关于受访学生父亲的文化程度，其中7.28%的受访学生表示不识字或识字很少，38.46%的受访学生表示是小学文化程度，29.85%的受访学生表示是初中文化程度；关于母亲的文化程度，其中7.38%的受访学生表示不识字或识字很少，40.92%的受访学生表示是小学文化程度，30.77%的受访学生表示是初中文化程度，13.54%的受访学生表示是高中/中职/中专（图6-9）。

---

[1] 冯香婷.布迪厄文化资本视域下高校贫困新生适应性研究[J].宿州教育学院学报,2015(6):60-62.

[2] 陈举.家庭背景对新疆少数民族高等教育质量获得的影响研究[J].新疆社会科学,2017(6):111-117.

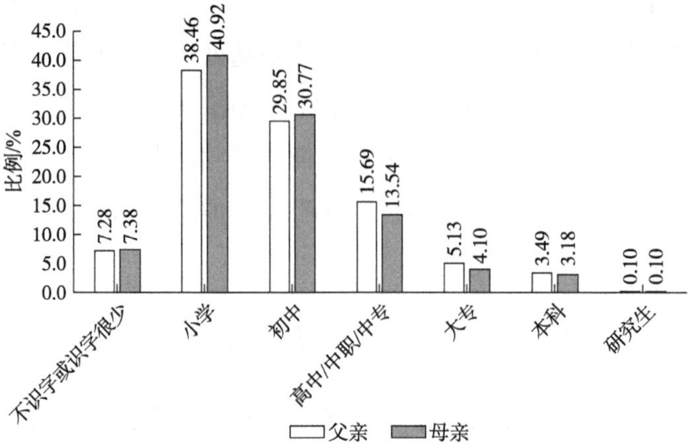

图 6-9　样本学生父母的文化程度统计

学历和其他社会资源的分配有高度的相关性，获得学历是获得其他社会资源的一种手段。[1] 从对抽样学生父母文化程度的调查来看，有近一半学生的父母文化程度处在小学及以下，以接受国家九年制义务教育的阶段来划分，有近七成的父母的文化程度处在初中及以下，本科及以上的文化程度总占比不超过 4%。当前，越来越多的研究表明，父母的文化程度在很大程度上影响着孩子的教育状况，而这种影响更多地体现在孩子待人接物的文化修养、视野以及学业成绩方面，即家庭的文化资本在很大程度上具有代际传递性。[2] 这就意味着父母的学历越高，子女的入学准备度就越充分；父母的学历越低，子女的入学准备度发展就会受到相应的被动影响。

6.4.2.3　父母的职业类型影响学生的升学选择

家庭社会资本是家庭资本的组成部分，作为一种社会资源和资源配置方式对学生的大学入学与就业具有重要的影响。[3] 有研究表明，父母的职业

[1] 天野郁夫. 社会选拔与教育[C]. //张人杰. 国外教育社会学基本文选. 上海：华东师范大学出版社，2009：128-130.

[2] 金久仁. 家庭背景与教育获得的代际传递公平性研究[J]. 教育学术学刊，2009(2)：17-20.

[3] 郑茂雄. 家庭社会资本影响大学生就业的机理[J]. 教育学术月刊，2012(4)：8-12.

发展前景越好，子女会拥有更多和更高质量的入学准备，而父母的职业发展前景比较局限时，子女的入学准备就显得相对不足。❶ 通常情况下，父母职业发展前景较理想的家庭更容易获得广泛的社会资源和文化资源，并善于运用这些资源为子女提供和创造更好的教学环境与教学条件。而职业发展前景较为局限的父母，能够获得社会资源的渠道和途径极其有限，加上他们的收入相对较低，通过自身拥有的资源为子女创造和提供优质教育条件的概率较低。正如有学者的研究表明，在重点本科院校中，入学机会最高的是工人子女（65.2%），其次是办事人员（64.5%）、党政机关或企事业单位负责人（60.6%）、商业和服务业人员（60%）、最低为农民子女（47.4%）。❷ 根据本研究调查统计显示，关于受访学生父亲的职业或工作类型，有 33.8% 的受访学生表示父亲是农、林、牧、渔业生产及辅助人员，而父亲职业为不便分类的其他人员（含失去劳动力的人员、自由职业人员及无业人员等）的学生占比 51.1%，在父亲职业类型的分布中占比最大（见图 6-10）。

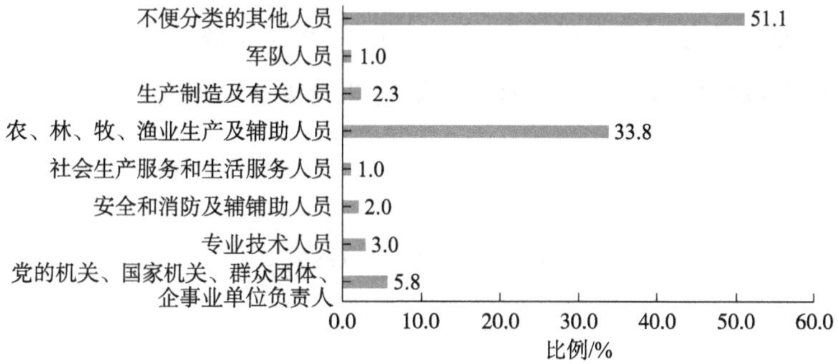

图 6-10　样本学生父亲的职业类型统计

关于受访学生母亲的职业或工作类型，其中有 30.1% 的受访学生表示母亲是农、林、牧、渔业生产及辅助人员，而母亲职业为不便分类的其他人员（含失去劳动力的人员、自由职业人员及无业人员等）的学生占比

❶ 伍开文. 新疆不同家庭背景大学生高等入学机会研究[D]. 石河子：石河子大学，2016.

❷ 杨倩，马芳. 父母职业类别与蒙古族学生高等教育机会获得的关联——基于内蒙古 3 所高校的实证调查[J]. 民族教育研究，2018，29(1)：69-75.

60%，在母亲职业类型的分布中占比最大（见图6-11）。

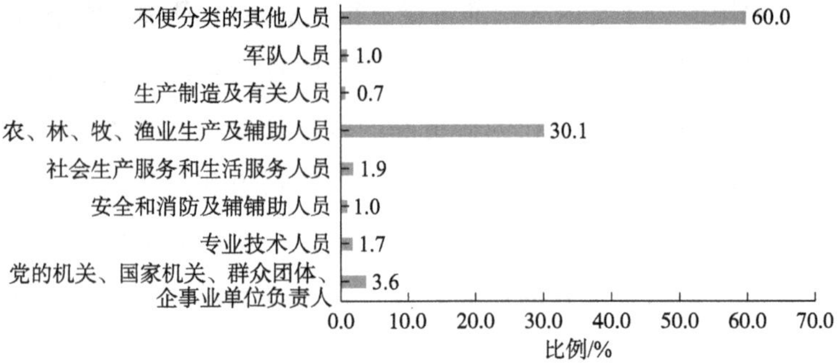

图6-11　样本学生母亲的职业类型统计

很多研究都发现，以父亲的职业为代表的家庭的社会资本对于子女高等教育机会的获得，具有非常显著影响。其中当父亲的工作为企事业单位负责人、知识分子和政府行政人员时，有利于子女高等教育机会的获得；当父亲的工作为商业、服务业人员、生产人员、操作性人员时，不利于子女高等教育机会的获得。❶ 在西部地区尤其是西部贫困地区的家庭中，还存在着子女即便是考上了大学，父母也会权衡家庭经济承受能力与大学费用及大学毕业以后的就业形势，有可能最终劝说孩子放弃读大学的机会。

6.5　本章小结

本章探讨了“以学生为中心”的大学入学准备度环境的四大影响因素，①对社会要素的分析显示出：社会的准入机制、招生政策尤其是高考加分政策、国家通用语言的培养政策、家庭困难学生的资助政策、大学与中学的有效衔接关系对学生发展大学准备度都产生重要影响；②对学校要素的

❶　李德显，陆海霞．高等教育机会获得与家庭资本的相关性研究——基于中国家庭追踪调查CFPS数据的分析[J]．全球教育展望，2015(4)：50-60.

分析显示出：学校氛围、学校投入及课堂环境等因素对学生发展大学准备度都产生不同影响；③对教师要素的分析显示出：教师的教学方法、课堂互动教学、师生关系及对学生的职业意识培养等方面对学生发展大学准备度都有显著影响；④对家庭要素的分析显示出：家庭结构和家庭资本对学生发展大学准备度影响较大，尤其是在家庭资本中，家庭的经济状况、父母的文化程度和职业类型均对学生高等教育机会的获得及发展大学入学准备度有显著影响。总体来说，学生大学入学准备度的发展与提高离不开环境的有效支持，因此得出启示：关注“以学生为中心”的环境并在必要的时候改善环境，使其能更加满足学生需要、促进学生发展时，将会有效地提高学生大学准备度的质量与水平。

第7章

结论、建议与展望

7.1 研究结论

发展大学准备度是提高高等教育质量的有效途径。本研究为了对大学准备度问题有更加深入的认识，建立了“以学生为中心”的概念分析框架，用于明确大学准备度的调查结果与大学准备度影响因素之间的关系、结构，为分析学生入学准备度问题提供理论依据。本研究采用问卷调查法、访谈法及文本资料分析等方式进行数据搜集，为研究结果的科学性和合理性提供证据支持。基于研究过程和研究结果，得出的主要结论包括对本科学生大学准备度的调查结果和对大学准备度环境影响要素的分析结果两部分。

7.1.1 本科新生大学入学准备度调查结果

第一，对本科新生大学准备度整体及分维度状况的调查结果显示：抽样的高校虽然作为本地区有影响力的大学，但是有相当数量的本科新生存在大学入学准备度不足的状况。对各子维度状况的调查显示：①在学习习惯上，学生对自我的学习习惯认可度较低。主要表现为自主学习意识不强、学习方法单一、课堂上缺少互动交流、没有有效利用课后及课余时间学习、缺少对自我学习效果的评估。②在大学认知上，偏远地区学生普遍缺乏对大学知识的获取条件。主要表现为对大学的组织运行方式、管理模式、收费及资助情况缺少了解的渠道；高中期间没有机会预修或接触大学的相关课程；家人及学校由于条件受限无法及时有效地向学生提供大学相关信息的辅导。③在学科成绩上，有近30%的学生高中时期学科知识及成绩准备偏低，这部分学生中很多是通过高考加分政策被就读大学录取。④在语言水平上，大部分学生缺少继续追求语言造诣的愿望，一部分学生认为对国家通用语言文字学习存在困难，而且对其他专业课程的学习也产生影响。⑤在自我效能发挥上，有近30%的学生对自我效能发挥的认可度较低。主要表现为对自我的课程学习能力、考试成绩排名、与他人沟通交往能力不满意；同时对考上优质大学略显信心不足。⑥在愿望抱负上，学生普遍具有强烈的升学愿望，但与实际入学准备的投入又不相匹配。有超过一半的学生都希望通过高等教育的培养能够改变自己的命运、家庭经济状况及家乡的风貌，因而普遍对大学的生活、学习和获得高等教育的机会产生积极的向往。

第二，对不同背景学生大学准备度差异性分析的结果显示：大学入学准备度在不同群体、不同背景学生中具有群体差异性。具体来说：女生的入学准备度要高于男生，理工类学生的入学准备度要高于文史类学生，独生子女学生的入学准备度要高于非独生子女学生，城市家庭学生的入学准备度要高于农村家庭学生，重点高中学生的入学准备度要高于普通高中学生，非家中第一代大学生的入学准备度要高于家中第一代大学生，家庭经济收入状况良好的学生入学准备度要高于家庭经济收入较低的学生。

第三，对大学本科新生“挑战-支持”类型的调查结果显示：抽样学生中“低挑战-低支持”和“高挑战-高支持”的类型分布较多，尤其是“低挑战-低支持”类型占比最大，达到了36.7%。在调查中发现，这类学生在高中教育阶段基本处于“低效能”状态，学习动机明显不足，对发展入学准备度产生不利影响。

7.1.2 大学入学准备度影响要素分析结果

社会要素方面：①在社会准入机制上：家长及学生“一考定终身”的思想普遍，缺少对大学准备度的关注；现阶段高考制度过度重视人才选拔的结果，往往忽视了学生的综合能力考核；很多学生即使高考成绩达标被大学录取，但并没有为大学学习做好全部准备；当前高考选拔制度对除学科成绩以外的大学准备度考核相对有限。②在招生政策上：部分学生通过“成绩补救”虽然获得了高等教育的入学机会，但进入大学后出现学习困难；在某种程度上，高考加分政策使入学准备度不足的学生产生了心理依赖；过度的政策支持反而影响高校人才培养质量的提高。③在资助政策上：经济困难学生的入学资助覆盖面较小，且申请程序烦琐；当前西部地区的教育公益事业发展缺乏多元的社会助学力量且没有形成合力。④在教育衔接上：目前大学与中学之间缺少有效的教育衔接；大学与中学教育之间也缺少组织衔接的机制。

学校要素方面：①在学校氛围上：“高考压倒一切”的氛围普遍存在；存在“好学生越好差学生越差”的现象，这些现象对学生发展入学准备度产生了不利影响。②在学校投入上：省会/首府地区学校及重点学校的学生在大学入学准备上明显偏好；偏远地区学校由于教育资源受限无法为学生提供有效的入学辅导。③在课堂环境上：班级规模尤其是重点班级规模过大影响学生学习效果；高中的课堂教学环境中仍以高考分数为导向，普遍缺少升学文化环境的营造。

教师要素方面：①在教学方法上：教师缺乏为学生营造挑战性的学习任务；教师通常注意到个体差异和学习的接受能力，但又缺少相应的教学方法。②在师生关系上：学生普遍反映，除班主任以外和其他教师关系较为淡漠；教师往往因为教学任务量大，为完成教学规定任务而缺少课堂互动教学的设计。③在职业关注上：很多教师尤其是偏远地区学校教师自身缺乏帮助学生进行职业规划的能力；大多数高中学校普遍没有开设学生职业能力规划的课程与项目。

家庭要素方面：①在家庭结构上：大部分学生家庭中以主干家庭结构居多，人口数量对发展学生入学准备度产生一定的牵制作用。②在家庭资本上：有 65% 以上的学生家庭经济年收入在 3 万元以下，家庭经济收入较低影响对学生的学习投入；在文化资本上：受访学生中有 45% 的父亲文化程度在小学及以下，有 47% 的母亲文化程度在小学及以下，父母的文化程度影响子女的受教育水平；在社会资本上：受访学生中有 30% 以上的父母职业类型为农林牧渔劳动者，有 34.7% 的父母是无业、失业和下岗人员，父母的职业类型影响子女的升学选择。

7.2　研究建议

基于本研究的主要发现，创建以“学生为中心”的教育生态支持环境，应该是一个具有较强针对性的解决相关问题的核心举措。具体建议包括：促进资源合理配置、构建多元社会助学体系、提高加分等优惠政策实效、加强中学与大学的教育衔接、为学生营造挑战性学习环境、完善常态化的评价机制、父母及家庭为子女提供更多学习支持等多个方面。

7.2.1　发挥政府效力，促进各类教育资源合理配置

首先，要更加合理地配置各地区的学校资源。本研究发现，重点高中与普通高中、农村生源学生与城市生源学生之间的大学准备度存在较大差异。而现实中，优质的高中教育资源大多集中在经济较发达的地区，排名靠前的重点中学在县区内很少；优质的高等教育资源也大都集中在省会/首府城市，因此，偏远地区的高中学生有些无法享受到优质教育资源。要缩小不同地区学生入学准备度的差距，必须依靠政府出台强有力的保障政策

或法案。

其次，要积极推动教师资源的平衡发展。本研究发现，近年来，西部地区的中等教育虽然硬件条件因国家和政府的有效投入在不断改善，但是依旧缺乏优秀的教师资源，因而无法保障和提高教学质量。对此，在教师资源的分配上，政府还应拿出具体的激励机制、奖励办法促进师资水平建设。例如，通过提高教师的薪酬待遇、住房保障、专项补贴、研修计划等来增加岗位的吸引力，还可以为教师提供高质量的岗位培训来提高他们的教学水平及增加扎根西部的奉献意识。

7.2.2 提高社会参与度，构建多元社会捐资助学体系

第一，要增加政府对教育的总投入。政府投资仍然是西部地区教育办学经费的主要来源，目前甘肃、青海实行九年义务教育，新疆的南疆地区实行包括高中教育在内的15年免费教育，而且中共中央、国务院印发《中国教育现代化2035》中明确提出：振兴中西部地区高等教育，提升民族教育发展水平。[1] 政府的教育经费支持将有力地促进西北地区教育事业的发展，对高中阶段实施免费教育将会使困难学生不用更多地担心高中教育的经济压力，使他们可以把更多的精力投入到学习上。因此，国家及各地区只有大力发展社会经济，同时逐步加大对教育的投入，才能保障各族学生高等教育入学机会和质量均等化发展。

第二，要积极拓宽教育融资渠道，争取社会办学力量。目前，从我国各级教育发展现状来看，财政拨款依然是教育经费投入的主体。为提高办学规模和效益，政府应开辟教育资金筹集的新渠道，鼓励投资多元化。本研究发现，家庭贫困学生的大学准备度明显要低于家庭经济条件良好的学生，这些学生一方面面临生活上的困难问题，另一方面在学习投入上也缺乏有效的支持。

---

[1] 新疆维吾尔自治区教育事业发展“十三五”发展规划[EB/OL].(2017-09-07)[2019-01-20]. http://news.sina.com.cn/c/2017-09-07/doc-ifykuftz5029615.shtml.

第三，要建立合理的高校学生收费标准。在本研究中，高校的收费制度和高中的免费教育形成了鲜明的对比，大多数贫困学生面对高校的高额学费及学校所在地区的经济消费环境时，容易产生畏惧、担忧的心理。即使父母东挪西凑攒够了学费，但是在吃饭、生活必需品的消费上又出现困难，长此以往必定给这些学生在学校的学习和发展带来影响，还可能出现“因学致贫”的现象。因此，政府一定要根据本地区居民家庭经济收入的实际状况建立科学合理的高校收费制度。

7.2.3　深化高考改革，提高加分等优惠政策的实效

第一，要减少对于标准化分数的依赖。高校、高中应减少对标准化测试成绩的依赖，各高校应倾向于“成绩不等于优劣”的理念，逐步降低标准化测试的权重。一方面，教育利益相关者要定期质疑和重估标准化测试产生的影响，了解不同人群的成绩差异，并能根据培养目标不断优化标准化分数的使用情况。另一方面，高校对学生的考察也应更加灵活，允许成绩劣势的学生通过其他材料来证明自身的学习潜力。

第二，要注重形成性评价。政府及教育主管部门应进一步调整我国高中学业水平考试和普通高考的形成性评价功能，开拓了解学生学习技能和思维模式的途径，进而帮助成绩落后学生建立更加科学的、复杂的、广泛的学习能力，而不是孤立地传授知识和技能。

第三，要合理设计高考加分标准，将重心放在提高入学准备度上。高考加分优惠政策自 1950 年开始实施，保障了各民族学生平等接受高等教育的权利，增加了学生的高等教育机会。然而随着社会经济的发展完善，制定高考加分政策的社会环境发生很大的变化，作为受惠主体的少数民族群体内部也产生了阶层分化，在这种形势下高考优惠政策必然要走向多元化。在加分的标准设计上，既要考虑各民族地区经济社会发展水平的实际状况，更应该把提高质量的重心放在发展学生的入学准备度上。

7.2.4 重视高中办学，加强中学与大学的教育衔接

我国目前的衔接教育主要有两方面：以大学为主开设的预科教育，以中学为主开设的国际衔接课程和体现中国特色的衔接课程。大学的预科教育主要以少数民族预科教育、留学预科教育等为主，注重语言和基础文化课程的补习。但是，本研究认为就入学准备度的发展来说，还是应该将衔接教育的重心放在高中阶段。

首先，可以根据各地区高中办学的实际情况，为优秀高中生开设大学先修课程。高中教育阶段是学生知识与能力培养的重要时期，学校教学中课程设置的情况将直接影响到学生能力培养的结果。目前我国高中课程设置基本是按照国家要求统一设置的，不太能满足学有余力学生的个性化学习需求。因此，应该加强结构性改造，通过基础性课程、个性化选择课程的区分，对学有余力的学生进行指导，给他们继续学习高级课程的机会。[1]

其次，高中学校应建立起熟悉大学课程及大学知识的辅导员队伍。本研究发现，西部偏远地区高中学校普遍缺乏优秀师资，更缺乏辅导大学知识的教师。学生的大学咨询辅导活动主要由班主任教师担任，专业化的辅导人员严重欠缺。因此，针对这些学校有必要聘请大学或社会专业的学生事务管理人员向高中生宣传大学和专业报考相关知识，并为有需求的学生提供针对性的辅导。另外，也要加强在职咨询辅导人员的专业化培训和建设。例如，提供大学教育领域的专门知识，并从概念、设计和实施等多方面帮助学生事务管理人员了解大学咨询和管理工作。此外，高中学校可以安排任课教师赴大学研习参访，与大学学校、教师建立起学术交流的沟通平台，或是邀请大学老师到高中举办学术性及大学生活的讲座，让高中学生了解大学的培养模式，提前做好心理预期。

---

[1] 綦春霞，周慧. 高中教育与大学教育的衔接：国际经验与本土实践[J]. 教育学报，2014，10(4)：26-33.

7.2.5 转变教师观念，营造挑战性的学习支持环境

在传统的教学范式中，教师拥有足够的“话语权”，但是在“以学生为中心”的教学范式中，要求教师能够尊重学生的观点和意见，构建学习共同体。因此，也需要教师根据学生对学习的接受与理解程度，进行有效的指导教学。

首先，要在教学中适当增加学生的学习任务。本研究发现，“低挑战-低支持”类型的学生最多，这类学生在教学中的自我存在感也最低。因此，教师应该在教学中积极为学生创设基于任务的学习环境并提供有效的支持。乔纳森提出的“以学生为中心”的建构主义学习环境为此提供了有益的参考：①在环境中整合学习任务的问题。基于中学的教学实践存在形象化、视觉化等表征方式，可以采用如图片、动画、视频、虚拟现实问题等表征方式来激发学生解决问题的兴趣。②获得更多解决同类问题的经验来帮助学生解决问题。在教学中给学生提供多样化的案例和提供问题的多种情境和表征，帮助学生对问题有更全面和本质的理解。③在学习环境中给学生提供解决问题所需的支持性信息和资源，包括言语信息、智力技能、认知策略等方面。④在学习环境中给学生提供认知工具支撑学生完成任务，如帮助他们制订计划、搜集信息和数据等。⑤在学习环境中给学生提供有效的辅导、交流、讨论、协商、协作和共同建构知识的工具。

其次，要引导学生深度交互学习。本研究中，教师为了完成既定的教育教学任务，普遍缺少在教学活动中引导学生进行深度交互学习。知识建构理论认为，教师如果不关注学生只是简单地向学生灌输知识，那么学生未必能够将教师讲授的知识意义建构到他们的认知结构中。因此，教师在讲解中还需要伴随适当的提问，或给学生提供听讲过程中需要思考的问题或记录的内容，促进学生的接受学习。如表 7-1 所示，教师可以在课堂教学中进行交互质量的设计。

表 7-1 促进三类交互质量提高的教学设计

交互类型	有效经验案例
师生交互	设计具有启发、评价功能的课堂提问； 基于重点难点内容准备学习提示与帮助材料； 基于材料绘制概念图或思维导图； 思考是否有个别学生需要特别辅导； 与学生建立良好的关系
学生之间的交互	给学生提供用于记录同伴的表格； 让学生对比差异、寻求共同点； 给学生提供倾诉、会话和写作技巧； 安排学生多与其他同学会话； 帮助学生建立良好人际关系
学生与学习材料的互动	在材料中勾画出重点或问题的答案； 帮助学生整理材料中的内容； 选择互动性较强的学习材料

资料来源：李爽，陈丽．“以学生为中心”的教育原理与实践指南［M］．北京：中央广播电视大学出版社，2011：177-178.

7.2.6 聚焦学习结果，完善常态化的监督评价机制

首先，应建立多种评价形式，重点关注学生的能力发展。本研究发现，高中教师更加注重对学生读写、计算能力的检查，主要表现为在作业和考试中，教师通常安排的都是做卷子或习题练习，并以标准化的考试来判断他们是否适合继续学习。因此在“以学生为中心”的课堂中，教师在评价的内容方面，应当从未来社会对学生能力的要求出发，通过评价促进学生在创新技能、信息技术技能、职业生涯技能等方面的成长。在评价形式方面，教师可以参加评价，但评价的任务应由检查学生的学习状态转变为通过学习评价激励学生学习，促进他们的发展。同时也要鼓励学生参与评价。在评价结果的反馈方面，教师不能以评价结果将学生划分“三六九等”，应当将评价结果反馈于下一阶段的教学设计中，根据学生的需要调整相应的教学设计。例如，上海市高级中学提出要更多地引入能够反映学生学习感

受和学习效果的测评指标，使学生评教从“评教”向“评教评学”相结合转变。通过修订课程教学大纲，明确课程教学目标，尝试建立课程目标与学生能力达成之间的关系，使教学内容满足学生知识、能力、素养的培养需求，探索多元化的课程考核方式，并构建基于学习结果的学生能力达成度评价方法。

其次，可以通过建立学生档案袋，开展学生的差异化评价。教育部《基础教育课程改革纲要（试行）》中明确提出，要加强课程内容与生活和时代的联系，注重与学生的经验结合在一起，使新知识、新概念的形成建立在学生现实生活的基础上。因此，不论是实现课程内容反映学生生活经验的目标，还是引导学生改变学习方式，都需要以教师充分了解学生生活环境、学习基础及掌握学生学习规律的差异性为基础。对此，本研究建议高中和大学教师或管理者为每位学生建立档案袋，收集学生的初始能力、个体经验、心理特征、生理特征、学习特征、学习过程等信息，不仅将学生档案袋作为一种形成性评价工具来衡量学生的进步情况，更重要的是将它作为教学设计中学习者分析的基础性资料，教师基于学生档案袋里的信息选择教学策略、规划教学活动、合理安排教学进度、组织课程测验等，来辅助教师规划、调整、制定并修订课程教学设计及完成教学评价。

7.2.7 秉承合理期待，为子女提供更多的学习支持

苏联著名教育家苏霍姆林斯基指出：学校的一切问题，都会在家庭里折射地反映出来，而学校的复杂教育过程中产生的一切困难的根源，也都可以追溯到家庭。本研究发现，家庭结构及家庭的经济资本、文化资本和社会资本都对学生的学习行为和学习质量产生重要影响，因此构建良好的家庭生态环境也是提高学生学习成效、发展学生入学准备度的关键因素。

首先，家长应秉持合理的教育期望。在本研究中，家长对子女的教育期待呈现两种态势：一种是家长过度以主观愿望代替子女需求，导致子女压力过大并产生逆反心理；另一种是家庭经济条件受限或少数民族家庭天

生乐观，没有对子女进行有效学习投入、放任子女的学习。而适度的教育期待会对子女产生微妙的“罗森塔尔效应”[1]，这有利于学生充分发挥自己的潜能，提高学业成就与升学动机，因此，父母应该学会利用教育期待培养子女。如果是过低的期待可能使子女放松对自己的要求，甚至是自暴自弃，而过高的期待又可能变为巨大的压力，对子女的学习发展产生不良效果。所以，家长应该帮助子女制订合理的学习计划及高考目标，增强孩子的自信，培养良好的学习习惯，为考入大学做好准备。

其次，父母应尽力参与孩子的教育过程。父母对子女教育活动的参与是一个完整的过程。父母应该主动了解子女的学习过程，如面临的学习困难、心理困扰、兴趣爱好、升学目标、以后的职业目标等。这既可以通过与子女的直接沟通进行了解，也可以通过子女的同学及学校老师侧面了解。如果发现问题就可以制定相应的策略，引导子女树立恰当的期望和兴趣，协助子女解决学习、生活中遇到的困难问题，疏导子女不良的情绪或思想。父母还可对参与的效果进行评估，决定是否继续推进，是否要进行变换调整。因此，整个过程不是父母的单项活动，而是与子女的双向互动交流过程。同时，有经济条件的家庭还应积极鼓励子女参加校外教育，况且现在西北地区城市发展已经基本实现了校外教育辅导场所的全覆盖，可通过校外教育增加子女的兴趣爱好、科技创新意识及培养综合素质能力。

总之，父母作为子女的启蒙老师和终身老师，家庭教育对子女的社会道德养成起着重要作用。学生父母应该重视与学校文化相适应的家庭文化氛围的营造，使子女尽量避免在家庭和学校迥异的环境之间反复切换，造成心理上的压力和学习上的不适应。家长在对子女进行民族传统文化知识教育的同时，更应加强对子女国家意识、公民意识及法律意识的培养，使国家主流价值理念成为学生精神文化生活的主导，实现“家国情怀”的交融与统一。

---

[1] 皮格马利翁效应(Pygmalion Effect)，亦称“罗森塔尔效应(Robert Rosenthal Effect)”或“期待效应”。由美国著名心理学家罗森塔尔和雅格布森在小学教学上予以验证并提出，指人们基于对某种情境的知觉而形成的期望或预言，会使该情境产生适应这一期望或预言的效应。

7.3　研究不足与展望

由于笔者研究能力有限，通过对研究存在的不足之处进行深刻反思，对未来的研究提出几点初步的展望，以期自己或其他研究者对此问题今后可以做进一步深入的探讨和研究。

在研究理论上，大学生入学准备问题的研究涉及教育学、心理学、人类学、社会学、经济学、管理学、生态学等多个学科的相关理论知识，笔者参照生态系统等理论知识构建概念分析框架对该问题进行解释和探讨，由于学科背景和把握能力有限，对这些理论的解读与运用还存在不足。希望未来可以加强理论学习，提高理论功底，多视角使用交叉学科的知识对该问题进行更好的剖析。

在研究方法上，本研究虽然采用量化与质性相结合的研究方法，但是由于统计学知识和分析归纳问题的功底尚浅，依靠量化工具对相关指标进行测量、计算时还不能深入剖析和解释；对访谈中发现的不同对象对问题的体验和感受的程度及出现的不同结果还缺乏思辨的整合能力。因此，今后将加强相关研究方法的学习，对西部地区学生大学准备度这一社会问题进行深入研究。

在研究内容上，本研究的视角主要定位于西部地区甘肃、青海和新疆的普通高校的本科生，分析他们大学入学准备度现状与影响因素，而在具体的研究中发现各省（自治区）之间、同一省（自治区）内不同高校之间、少数民族学生与汉族学生之间还存在许多相似或不同之处，而且西部地区学生和东部沿海发达地区学生大学准备度水平也存在差异，今后可以在这些方面深入开展对比研究。

参考文献

中文文献

[1] 布尔迪约,J. C. 帕斯隆. 再生产——一种教育系统理论的要点[M]. 北京:商务印书馆,2002.

[2] 潘懋元. 中国高等教育大众化的结构与体系[M]. 广州:广东高等教育出版社,2009.

[3] 顾明远. 教育大辞典:第 3 卷[M]. 上海:上海教育出版社,1998.

[4] 戴维 · H. 乔纳森. 学习环境的理论基础[M]. 郑太年,任友群,译. 上海:华东师范大学出版社,2002.

[5] 潘懋元. 新编高等教育学[M]. 北京:北京师范大学出版社,1996.

[6] 乔斯 · B. 阿什福德,克雷格 · 温斯顿 · 克雷劳尔,等. 人类行为与社会环境——生物学、心理学与社会学视角[M]. 王宏亮,李艳红,等,译. 北京:中国人民大学出版社,2005.

[7] 汪新建. 人类行为与社会环境[M]. 天津:天津人民出版社,2008.

[8] 滕星,王铁志. 民族教育理论与政策研究[M]. 北京:民族出版社,2009.

[9] 龚晓洁,张剑. 人类行为与社会环境[M]. 济南:山东人民出版社,2011.

[10] 玛丽埃伦 · 韦默. 以学习者为中心的教学——给教学实践带来的五项关键变化[M]. 杭州:浙江大学出版社,2006:17-81.

[11] 罗伯特·M·赫钦斯. 美国高等教育[M]. 汪利兵,译. 杭州:浙江教育出版社,2001.
[12] 任凯,白燕. 教育生态学[M]. 沈阳:辽宁教育出版社,1992.
[13] 欧内斯特·L. 博耶. 关于美国教育改革的演讲[M]. 涂艳国,等,译. 北京:科学教育出版社,2002.
[14] 贺祖斌. 高等教育生态论[M]. 桂林:广西师范大学出版社,2005.
[15] 詹姆斯·H. 麦克米伦,萨利·舒马赫. 教育研究——基于实证的探索[M]. 北京:教育科学出版社,2013.
[16] 金哲华,俞爱宗. 教育科学研究方法[M]. 北京:科学出版社,2011.
[17] 景天魁. 现代社会科学基础(定性与定量)[M]. 北京:中国社会科学出版社,1994.
[18] 肖海涛. 中国高等教育学制改革[M]. 广州:广东高等教育出版社,2011.
[19] 李爽,陈丽. "以学生为中心"的教育原理与实践指南[M]. 北京:中央广播电视大学出版社,2011.
[20] 马云鹏,金宝. 三方合作与支持:学校改进的U-A-S模式探索[M]. 北京:教育科学出版社,2013.
[21] 余立. 教育衔接若干问题研究[M]. 上海:同济大学出版社,2003.
[22] 欧以克,陈秀琼. 中国民族高等教育问题研究[M]. 桂林:广西师范大学出版社,2012.
[23] 辛治洋,张志华. 教育科学研究:方法与案例[M]. 合肥:中国科学技术大学出版社,2012.
[24] 黄家庆. 新疆各民族教育改革与发展[M]. 乌鲁木齐:新疆人民出版社,2008.
[25] 杨春梅. 高校以学生为中心的教学理念与路径[M]. 北京:北京理工大学出版社,2018.
[26] 杨开城. 以学习活动为中心的教学设计理论——教学设计理论新探索[M]. 电子工业出版社,2005.

[27] 赵文华.高等教育系统论[M].桂林:广西师范大学出版社,2006.

[28] 叶庆余.管理系统分析[M].北京:中国铁道出版社,1989.

[29] 邵志豪.中学与大学德育有效衔接的理论与实践[M].北京:中国社会科学出版社,2018.

[30] 彭华民.人类行为与社会环境[M].第三版.北京:高等教育出版社,2016.

[31] 马文华.新疆教育史稿[M].乌鲁木齐:新疆教育出版社,2006:287.

[32] 谭蔚,郑若玲,等.大中学衔接培养创新人才理论与实践[M].北京:经济科学出版社,2016.

[33] 朱远来.新疆哈萨克族现代教育发展研究[M].北京:知识产权出版社,2013.

[34] 张梅.多元文化背景下的新疆双语教育理论研究[M].北京:北京语言大学出版社,2016.

[35] 新疆维吾尔自治区统计局.新疆统计年鉴(2009—2013)[M].北京:中国统计出版社,2014.

[36] 王一兵.高等教育大众化——亚太地区发展中国家面临的瓶颈和战略选择[J].东南学术,2002(2):19-23.

[37] 赵锡平.新疆少数民族教育质量问题的分析与思考[J].新疆社会科学,2007(2):46-50.

[38] 黄家庆.实现高考民汉录取线基本接近的途径与方法[J].新疆社科论坛,1993(1):59-65.

[39] 刘献君.高等教育质量:本科教学评估的落脚点——对我国本科教学评估的几点思考[J].高等教育研究,2006(9):16-21.

[40] 王华.美国"大学准备"及其对中国高中生教育的启示[J].教育与教学研究,2015(12):6-9.

[41] 王晓东,范武邱.大学准备度提升:美国大学的应对策略[J].现代大学教育,2017(5):41-44.

[42] 蒋雪岩.教育的链条不可割裂——对大学与中学人才培养衔接的思考[J].湖北师范学院学报(哲学社会科学版),2005(5):78-80.

[43] 王炜波,董兆伟,韩提文.中高等职业教育衔接问题研究[J].河北师范大学学报(教育科学版),2003(5):87-92.

[44] 李家成.高中与大学衔接中的学生成长研究[J].人民教育,2006(12):8-10.

[45] 王佩东.浅论以高中新课改促进中学教育与大学教育的衔接[J].中国科教创新导刊,2008(24):4-6.

[46] 王喜娟.美国高中与大学衔接模式之双学分课程探究[J].外国教育研究,2006(10):1-6.

[47] 何倩,刘宝存.美国少数民族双语教育政策及其特点[J].比较教育研究,2014,36(9):4-11.

[48] 马喜亭,吴彩霞.新疆少数民族大学生在京适应状况调查研究[J].黑龙江民族丛刊,2013(4):187-192.

[49] 张学娟.内地高校少数民族学生校园适应性调查与研究[J].常州大学学报(社会科学版),2013,14(1):89-91+95.

[50] 万秀兰.美国针对少数民族高教入学问题的先期干预计划[J].世界民族,2002(6):71-77.

[51] 叶信治.高影响力教育实践:美国大学促进学生成功的有效手段[J].中国高教研究,2012(9):35-39.

[52] 劳凯声.对高等教育收费和公平问题的思考[J].教育发展研究,2008(7):1-9.

[53] 刘强.我国高校毕业率衡量高等教育质量何以可能——再论高校毕业率与高等教育质量的相关性[J].黑龙江高教研究,2018,36(10):32-36.

[54] 王骏,彭顺绪,原莹.重点高中、学校投入与学生学业成绩——基于J市普通高中的一个经验研究[J].世界经济文汇,2017(3):17-45.

[55] 石雷山,陈英敏,侯秀,等.家庭社会经济地位与学习投入的关系:学业自我效能的中介作用[J].心理发展与教育,2013(1):71-78.

[56] 庞维国,徐晓波,林立甲,等.家庭社会经济地位与中学生学业成绩的关系研究[J].全球教育展望,2013,42(2):12-21.

[57] 克里斯汀·仁,李康.学生发展理论在学生事务管理中的应用——美国学生发展理论简介[J].高等教育研究,2008(3):19-27.

[58] 朱宇.高中学业水平考试:功能、命题与成绩使用[J].考试研究,2008(2):107-115.

[59] 张洋溢.高考模拟考试对高考成绩的预测分析[J].考试周刊,2011(82):1-2.

[60] 白丁.了解语言使用现状、把握语言发展规律——读《新疆民族语言分布状况与发展趋势》[J].语言与翻译,2003(3):77-79.

[61] 熊静.第一代农村大学生的学习经历分析——基于结构与行动互动的视角[J].教育学术月刊,2016(5):74-81.

[62] 李峻.高考制度变革的新思路——从利益博弈到利益均衡[J].国家教育行政学院学报,2011(02):77-80.

[63] 苏红.美国部分高校欲取消标准化考试[J].教育与职业,2018(31):101.

[64] 刘阳,姜超晖.为大学和职业成功做准备:美国评估改革与启示[J].现代教育管理,2018(07):118-123.

[65] 殷世东,靳玉乐.回归与运作:生态取向学生发展[J].东北师范大学学报(哲学社会科学版),2015(2):155-159.

[66] 李晓霞.新疆高校招生中的少数民族考生优惠政策分析[J].新疆大学学报(哲学社会科学版),2005(01):77-78.

[67] 李席.论历史知识生成及性质判断上的二元对立[J].兰州学刊,2011(3):151-155.

[68] 赵小川,赵明辉.高中思想政治课新旧课程范式比较研究[J].传承,2009(8):88-89.

[69] 蒋懿.论建构主义理论观点在薪酬管理教学中的应用[J].大学教育,2014(11):32-34.

[70] 赵淑梅.大学与高中教育衔接研究述评[J].现代教育科学:高教研究,2014(3):24-29+94.

[71] 吕林海. 大学教学的范型更迭:基于学习观转换的视角[J]. 公共管理高层论坛,2007(1):281-290.

[72] 吕艳霞,刘丽. 学校投入研究述评[J]. 校园心理,2015(2):103-106.

[73] 闫蒙钢,马旭明. 构建化学生态课堂的思考[J]. 中国教育学刊,2007(10):64-65+78.

[74] 王骏,彭顺绪,原莹. 重点高中、学校投入与学生学业成绩——基于J市普通高中的一个经验研究[J]. 世界经济文汇,2017(3):17-45.

[75] 毛勇,胡四能. 教育生态学视角下的人口、资源、环境对高等教育的影响[J]. 江西教育科研,2015(7):21-24.

[76] 王晨. 美国基础教育优质均衡发展改革措施述评[J]. 学术界,2011(8):209-217+289.

[77] 綦春霞,周慧. 高中教育与大学教育的衔接:国际经验与本土实践[J]. 教育学报,2014,10(4):26-33.

[78] 吴颖慧,周莉,黄喆. 保障中小学学生公平获取优质教育资源——《美国联邦教育部战略规划(2014—2018 财年)》战略目标二[J]. 世界教育信息,2015,28(21):22-25+30.

[79] 王伟宜. 美国高校收费研究[J]. 长沙理工大学学报(社会科学版),2009(1):107-110.

[80] 李德显,陆海霞. 高等教育机会获得与家庭资本的相关性研究——基于中国家庭追踪调查 CFPS 数据的分析[J]. 全球教育展望,2015,44(4):50-60.

[81] 曹琼方. 中学与大学有效衔接的策略研究[D]. 曲阜:曲阜师范大学,2008.

[82] 张劲英. 大学本科新生学业成就之影响因素分析——基于某“985 工程”高校的考察[D]. 厦门:厦门大学. 2003.

[83] 朱学文. 我国高师本科院校教师培养模式改革研究[D]. 昆明:云南师范大学,2004.

[84] 雷浩. 为学而教:学习中心教学的研究[D]. 上海:华东师范大学,2017.

[85] 唐德忠.少数民族大学生的学习适应研究——以E大学的维吾尔族学生为个案[D].上海:华东师范大学,2010.
[86] 董立均.来华留学生教育生态及其优化研究[D].长春:东北师范大学,2015.
[87] 徐蕾.我国应用技术型大学质量保障研究[D].武汉:武汉大学,2016.
[88] 古力娜.新疆少数民族大学生校园文化适应研究——以西南大学哈萨克族大学为例[D].重庆:西南大学,2014.
[89] 朱晓静.新疆教育公共服务体系及其优化研究[D].北京:北京师范大学,2016.
[90] 杨倩.中国不同少数民族高等教育入学机会研究——基于多民族边疆省份云南的调查分析[D].厦门:厦门大学,2014.
[91] 刘曼.新疆少数民族大学生培养质量影响因素分析及对策研究[D].石河子:石河子大学,2014.
[92] 代杏子.Bronfenbrenner的生态系统学说及演化:交互作用发展观探索[D].上海:华东师范大学,2011.
[93] 胡赤弟.教育产权与大学制度构建的相关性研究[D].厦门:厦门大学,2004.
[94] 王媛.新疆高校本科学生参与度研究——以X大学为个案[D].北京:北京师范大学,2016.
[95] 关文军.残疾学生参与研究[D].北京:北京师范大学,2016.
[96] 杨林蛟.英语语法在线学习系统的学生模型的研究与实现[D].沈阳:沈阳师范大学,2011.
[97] 冯江英.民族地区学前教育基本公共服务均等化研究[D].北京:北京师范大学,2015.
[98] 于薇.运用教育衔接思想帮助大学新生适应的必要性论证及实施策略[D].上海:上海师范大学,2006.
[99] 赵婀娜.如何处理好高中教育与大学教育的衔接——中学到大学在跑动中接棒[N].人民日报,2013-4-25(018).

[100] 唐景莉. 寻找创新人才培养对接点[N]. 中国教育报,2013-05-31(005).

[101] 谢维和. 高教改革也应"往下看"[N]. 中国教育报,2013-04-08(005).

[102] 石中英,高中与大学如何衔接? [N]. 光明日报,2013-4-24(014).

[103] 教育部 2019 年教育事业新闻发布会[EB/OL]. (2019-02-26)[2019-03-01]. http://www. moe. gov. cn/fbh/live/2019/50340/mtbd/201902/t20190227_371425. html.

[104] 2017 年新疆维吾尔自治区教育事业发展公告[EB/OL]. (2018-10-05)[2018-11-27]. http://www. xjedu. gov. cn/xjjyt/sytj/2018/105865. htm.

[105] 国务院新闻办公室. 新疆发展与进步白皮书[EB/OL]. (2009-09-21)[2019-02-27]. http://www. gov. cn/zhengce/2009-09/21/content_2615772. htm.

[106] 教育部. 教育部关于印发《普通高中课程方案(实验)》和语文等十五个学科课程标准(实验)的通知教基[2003]6 号)[EB/OL]. (2003-03-31)[2019-01-27]. http://www. moe. gov. cn/srcsite/A26/s8001/200303/t20030331_167349. html.

[107] 新疆维吾尔自治区统计局. 2021 新疆统计年鉴[EB/OL]. (2022-03-02)[2022-11-19]. http://tjj. xinjiang. gov. cn/tjj/jykjvr/202203/949e4718c9d44b5badd7b4ab26fb1d4d. shtml.

[108] 甘肃省统计局. 2021 甘肃统计年鉴[EB/OL]. (2021-12-24)[2022-11-19]. http://tjj. gansu. gov. cn/tjj/c109464/info_disp. shtml.

[109] 中华人民共和国民政部. 2021 年民政事业发展统计公报[EB/OL](2022-8-26)[2022-11-19]. https://www. mca. gov. cn/n156/n189/index. html.

[110] 甘肃省统计局. 甘肃省 2021 年国民经济与社会发展统计公报[EB/OL]. (2022-03-30)[2022-11-19]. http://tjj. gansu. gov. cn/tjj/c109457/202203/2000738. shtml

[111] 青海省人民政府. 2021 年陕西省国民经济与社会发展统计公报[EB/OL]. (2022-02-28)[2022-11-19]. http://tjj.qinghai.gov.cn/tjData/yearBulletin/202203/t20220301_255439.html.

[112] 新疆维吾尔自治区统计局. 新疆维吾尔自治区 2021 年国民经济与社会发展统计公报[EB/OL]. (2022-03-21)[2022-11-19]. https://tjj.xinjiang.gov.cn/tjj/tjgn/202203/7ab304445f174a7eb1f5165be4f94041.shtml.

[113] 中华人民共和国人力资源和社会保障部. 关于对《中华人民共和国职业分类大典(2022 年版)》(公示稿)进行公示的公告[EB/OL]. (2022-07-12)[2022-11-19]. https://www.mohrss.gov.cn/SYrlzyhshbzb/zcfg/SYzhengqiuyijian/202207/t20220714_457833.html.

英文文献

[1] ACT. Ready for College and Ready for Work: Same or Different? [R]. Iowa City, IA: ACT, 2006.

[2] ADELMAN C. Answers in the tool box: Academic intensity, attendance patterns, and bachelor' s degree attainment[M]. Darby: Diane Pub Co, 1999.

[3] ADELMAN C. The toolbox revisited: Paths to degree completion from high school through college[J]. US Department of Education, 2006, 28(5): 23.

[4] Cabrera A F, COLBECK C L, TERENZINI P T. Developing Performance Indicators for Assessing Classroom Teaching Practices and Student Learning: The Case of Engineering[J]. Research in Higher Education, 2001, 42(3): 327-352.

[5] ARNOLD K D, Fleming S, DeAnda M, et al. The summer flood: The invisible gap among low-income students[J]. National Education Association Higher Education Journal, 2009(25): 23-34.

[6] ASTIN A W. Predicting Academic Performance in College: Selectivity Data for 2300 American Colleges[M]. New York: Free Press,1971.

[7] ASTIN A W. Student Involvement: A Developmental Theory for Higher Education[J]. Journal of College Student Personnel,1984(24):297-308.

[8] BAILEY M J,DYNARSKI S M. Gains and gaps: Changing inequality in U. S. college entry and completion[R]. National Bureau of Economic Research,2011.

[9] BANDURE A,FREEMAN WH,LIGHTSEY R. Self-efficacy: The exercise of control[J]. Journal of Cognitive Psychotherapy,1999,13(2): 158-166.

[10] BARR,R B,TAGG J. From Teaching to Learning: A new paradigm for Under graduate Education[J]. Change,1995(6):12-25.

[11] BERZIN S C. Educational aspirations among low-income youths: Examining multiple conceptual models[J]. Children & Schools,2010,32(2):112-124.

[12] BLACKHURST A E,AUGUR R W. Precursors to the gender gap in college enrollment: Children' s aspirations and expectations for their futures [J]. Professional School Counseling,2008,11(3):149-158.

[13] BOWEN W G,CHINGOS M M,MCPHERSON M S. Crossing the Finish Line: Completing college at America' s public universities[M]. Princeton: Princeton University Press,2009:52.

[14] BRADY-AMOON P,FUERTES J N. Self-efficacy,Self-Rated Abilities, Adjustment,and Academic performance[J]. Journal of Counseling & Development,2011(89):431-438.

[15] BRONFENBRENNER U. The ecology of human development [M]. Cambridge: Harvard University Press,1997.

[16] BRONFENBRENNER U. Making human beings human: Bioecological perspectives on human development[M]. Thousand Oaks: Sage,2005.

[17] Cabrera A F,La Nasa S M. Understanding the college-choice process[J]. New Directions for Institutional Research,2000,(107):5-22.

[18] CHOY S P. Students whose parents did not go to college: Postsecondary access, persistence, and attainment[M]. Washington: National Center for Education Statistics, 2001.

[19] CONLEY D T. College knowledge: What it really takes for students to succeed and what we can do to get them ready[M]. Hoboken: Jossey-Bass, 2008.

[20] Conley D T. College and career ready: Helping all students succeed beyond high school[M]. Hoboken, NJ: John Wiley & Sons, 2010.

[21] CORNELIUS-WHITE, J H, HARBAUGH A P. Learner-centered Instruction: Building Relationships for Student Success[M]. Thousand Oaks: Sage Publications, 2009.

[22] CORRELL S J. Gender and the career choice process: The role of biased self-assessments[J]. American Journal of Sociology, 2001, 106(6): 1691-1730.

[23] CROSNOE R. Academic orientation and parental involvement in education during high school[J]. Sociology of Education, 2001, 74(3): 210-230.

[24] ELDER G H, Shanahan M J. The Life Course and Human Development [M]. Atlanta: American Cancer Society, 2007.

[25] HOFFMAN E M. Faculty and Student Relationships: Context Matters[J]. College Teaching, 2014, 62(1): 13-19.

[26] FAN X, CHEN M. Parental involvement and students' academic achievement: A meta-analysis[J]. Educational Psychology Review, 2001, 13(1): 1-22.

[27] GANDARA P. A study of high school Puente: What we have learned about preparing Latino youth for postsecondary education [J]. Educational Policy, 2002, 16(4), 474-495.

[28] GEISER S, SANTELICES M V. Validity of High-School Grades in Predicting Student Success beyond the Freshman Year: High-School Record [J]. Center for Studies in Higher Education, 2007, 38(1-2): 177-197.

[29] GETTINGER M, SEIBERT J K. Contributions of study skills to academic competence[J]. School Psychology Review, 2002, 31(3): 350-365.

[30] HASKINS R, KEMPLE J J. A new goal for America' s high schools: College preparation for all[M]. Princeton: Brookings Institution Policy Brief, 2009.

[31] HERLIHY C. State and district -level support for successful transitions into high school. Policy Brief[R]. Washington: American Institutes for Research, 2007.

[32] HOSSLER D, SCHMIT J, VESPER N. Going to college: How social, economic, and educational factors influence the decisions students make[M]. Baltimore: Johns Hopkins University Press, 1999.

[33] FUNG I Y Y, WILKINSON I A G, MOORE D W. L1 - assisted Reciprocal Teaching to Improve ESL Students Comprehension of English Expository Text[J]. Learning and Instruction, 2003, (13): 1-31.

[34] IVERSON S V. Constructing outsiders: T e discursive framing of access in university diversity policies[J]. The Review of Higher Education, 2012, 35(2): 149-177.

[35] JEYNES W H. A meta-analysis: The effects of parental involvement on minority children' s academic achievement[J]. Education and Urban Society, 2003, 35(2), 202-218.

[36] KAGAN S. Cooperative learning[M]. Clemente: Kagan Cooperative Learning, 1994.

[37] LAMMERS W J, Onwuegbuzie A J, Slate J R. Academic success as a function of the sex, class, age, study habits, and employment of college students[J]. Research in the Schools, 2001, 8(2), 71-81.

[38] LE C, Frankfort J. Accelerating college readiness: Lessons from North Carolina' s innovator early colleges[R]. Boston: Jobs for the Future, 2011.

[39] LEVINE E. One kid at a time: Big lessons from a small school [M]. New York: Teachers College Press, 2001.

[40] LERNER R M. Developmental science, developmental systems, and contemporary theories of human development[J]. Handbook of Child Psychology, 2007(1): 1-17.

[41] Levinson D L, Cookson P W Jr, Sadovnik A R. Education and sociology: An encyclopedia[M]. New York: Routledge Falmer, 2002.

[42] LI Y, ZHANG W. The role of school engagement in preventing adolescent delinquency and substance use: A survival analysis [J]. Journal of Adolescence, 2011, (34): 1181-1192.

[43] MACDONALD I. What do We Mean by Transition, and What is The Problem? [J]. Australasian Journal of Engineering Education, 2000(9): 7-20.

[44] MARISA SAUNDERS, IRENE SERNA. Making College Happen: The College Experiences of First-Generation Latino Students[J]. Journal of Hispanic Higher Education, 2004, 3(2), 146-163.

[45] MATTERN K D, SHAW E J. A look beyond cognitive predictors of academic success: Understanding the relationship between academic self - beliefs and outcomes [J]. Journal of College Student Development, 2010, 51(6): 665-678.

[46] MCCORMICK N J, LUCAS M S. Exploring mathematics college readiness in the United States[J]. Current Issues in Education, 2011, 14(1): 1-28.

[47] MCDONOUGH P M. Choosing colleges: How social class and schools structure opportunity[M]. Albany: SUNY Press, 1997.

[48] National Center for Education Statistics. Remediation and degree completion. In the Condition of Education[M]. Washington: Department of Education, 2012.

[49] NORA A, CABRERA A F. The role of perceptions of prejudice and discrimination the adjustment of minority students to college[J]. Journal of Higher Education, 1996, 67(2): 119-148.

[50] PADILLA R V. Student success modeling: Elementary school to college [M]. New York: Routledge,2008.

[51] PAJARES F. Self-efficacy during childhood and adolescence[J]. Self-efficacy Beliefs of Adolescents,2006,(5):339-367.

[52] PASCARELLA E T,PIERSON C T,Wolniak G C,et al. First-generation college students: Additional evidence on college experiences and outcomes [J]. The Journal of Higher Education,2004,75(3):249-284.

[53] PENNINGTON H. Fast Track to College: Increasing Postsecondary Success for All Students. Double the Numbers: A jobs for the future initiative [M]. Boston: Jobs for the Future,2004.

[54] PERNA L W. The sources of racial-ethnic group differences in college enrollment: A critical examination [J]. New Directions for Institutional Research,2007,(133):51-66.

[55] PERN L W,Thomas S L. A conceptual model for understanding disciplinary approaches to student success [J]. ASHE Higher Education Report (Special Issue: Theoretical Perspectives on Student Success: Understanding the Contributions of the Disciplines),2008,34(1):11-34.

[56] RODERICK M,NAGAOKA J,COCA V,et al. From High School to the Future: Potholes on the Road to College [R]. Chicago,MA: Consortium on Chicago School Research at the University of Chicago,2008.

[57] SEFTOR N S,Mamun A,Schirm A. The Impacts of Regular Upward Bound on Postsecondary Outcomes Seven to Nine Years after Scheduled High School Graduation[R]. Washington: US Department of Education,2009.

[58] SHULOCKN. Beyond the rhetoric: Improving college readiness through coherent state policy [J]. Washington,DC: National Center for Public Policy and Higher Education,2010:14-15.

[59] SANTOS S J,REIGADAS E T. Latinos in higher education: An evaluation of a university faculty mentoring program [J]. Journal of Hispanic Higher Education,2002,1(1):40-50.

[60] SlAVIN R,MADDEN N A,CHAMBERS M E,et al. Two million children: Success for All [M]. Thousand Oaks: Corwin Press,2008.

[61] SMEDLEY B D,MYERS H F,HARRELL S P. Minority-status stresses and the college adjustment of ethnic minority freshmen [J]. The Journal of Higher Education,1993,64(4):434-452.

[62] JOHN E P S. What really influences minority attendance? Sequential analyses of the high school and beyond sophomore cohort [J]. Research in Higher Education,1991,32(2):141-158.

[63] SUPER D E. A life-span,life-space approach to career development[J]. Journal of Vocational Behavior,1980,16(3):282-298.

[64] SWAIL W S,PERNA L W. A view of the landscape: Results of the national survey of outreach programs [J]. Outreach Program Handbook 2001:52(3):226-232.

[65] TIERNEY W G,VENEGAS K. The cultural ecology of financial aid decision making[J]. Readings on Equal Education,2007,(22):1-36.

[66] TIERNEY W G,VENEGAS K M. Finding money on the table: Information,financial aid,and access to college[J]. The Journal of Higher Education,2009,80(4):363-388.

[67] TIERNEY W G,GARCIA L D. Remediation in higher education: The role of information[J]. American Behavioral Scientist,2011,55(2):102-120.

[68] VENEZIA A,KIRST M W. Inequitable opportunities: How current education systems and policies undermine the chances for student persistence and success in college[J]. Educational Policy,2005,19(2):283-307.

[69] WACHS T D. The nature of nurture[M]. Thousand Oaks: Sage publications,1992.

[70] WALPOLE M B. Socioeconomic status and college: How SES affects college experiences and outcomes [J]. The Review of Higher Education,2003,27(1):45-73.

[71] ZIMMERMAN B J. Academic studying and the development of personal skill: A self-regulatory perspective [J]. Educational Psychologist, 1998, 33(2-3):73-86.

[72] MCELROY E J, ARMESTO M. TRIO and Upward Bound: History, programs, and issues-past, present, and future [J]. Journal of Negro Education, 1998, 67:373-380.

[73] SNIPES J C, HOLTON G I, DOOLITTLE F, et al. Striving for Student Success. The Effect of Project GRAD on High School Student Outcomes in Three Urban School Districts [M]. Princeton: Mathematica Policy Research, 2006.

[74] HOFFMAN N, VARGAS J. A Policymaker' s Guide to Early College Designs: Expanding a Strategy for Achieving College Readiness for All [M]. Boston: Jobs for the Future, 2010.

附录

西部高校本科学生入学准备状况调查问卷

亲爱的同学：

您好！这是一项旨在了解有关大学生入学状况的调查。所有内容信息只用于调查研究，我们衷心希望能得到您的支持，共同为西部高等教育事业发展贡献一份智慧和力量。问卷采用不记名填写方式，对您和您的家庭及学校不会产生任何不利的影响，请安心填写。

填写本问卷所需时间约 20 分钟。谢谢您的合作！

第一部分　背景资料

1. 性别：①男　②女
2. 民族：①汉族　②少数民族__________（请填写具体民族）
3. 专业：①文科　②理科
4. 家庭所在地是：　①农村　②乡镇　③县城　④地级市　⑤首府
5. 您家里有几口人：①3 人　②4 人　③5 人　④5 人以上
6. 您父母亲的文化程度（请分别填入序号）：父亲____；母亲____；

   ① 不识字或识字很少　②小学　③初中

   ④ 高中/中职/中专　⑤大专及本科　⑥研究生及以上

7. 您与父母的关系如何？（请分别填入序号）：父亲____；母亲____；

① 亲密 ②普通 ③疏远

8. 您是否为家里的第一代大学生？

① 是 ②否

9. 你父母对你考大学持怎样的态度？

① 非常支持 ②支持 ③无所谓

④ 不支持 ⑤非常不支持

10. 您父母亲的职业或工作类型（请分别填入序号）：父亲____；母亲____；

① 党的机关、国家机关、群众团体、企事业单位负责人

② 专业技术人员 ③ 安全和消防及辅助人员

④ 社会生产服务和生活服务人员

⑤ 农、林、牧、渔业生产及辅助人员

⑥ 生产制造及有关人员 ⑦ 军队人员

⑧ 不便分类的其他人员

11. 您家庭的全年总收入大约是多少？

① 10 000 元以下 ②10 001~30 000 元 ③30 001~50 000 元

④ 50 001~80 000 元 ⑤80 001~100 000 元 ⑥100 000 元以上

第二部分 高中学习情况

1. 您高中期间就读的学校：

① 重点或示范高中 ②普通高中 ③中等职业学校

2. 您读高中阶段需要缴纳学费吗？____元/年。

① 1000 元以内 ②1000~2000 元 ③2000 元以上

3. 就读高中或中职时，您是否享受了以下政策支持？

① 免费义务教育 ②减免学费 ③奖学金或助学金

④ 社会捐助　　⑤无任何资助

4. 您高中学业水平考试，您的成绩中 A 等情况？

① 1 至 3 个 A　　②4 至 6 个 A

② 7 个 A 以上　　④没有 A

5. 您高三最后一次模拟考试成绩的水平区间是？

① 300~350 分　　②350~400 分　　③400~450 分

③ 450~500 分　　⑤500 分以上

6. 您的高考录取方式是？

① 高考达到分数线录取　　②特招免考（体育、奥赛和实验班等）

③ 定向招生计划　　④降分录取　　⑤其他

7. 您高中阶段家中有没有计算机？

① 没有　　②有，但不能上网　　③有，且可以上网

8. 在您就读的高中学校，使用网络是否方便？

① 很方便　　②不太方便　　③无法上网

9. 您就读高中阶段，您是否利用过以下校外教育手段？

① 家教　　②课外补习班

③网络课程或教辅软件　　④ 没有

10. 请问您是否享受了高考加分政策？

① 是　　②不是

11. 下列表述是否符合您高中期间的实际情况？

题项	完全不符合	不太符合	不确定	比较符合	完全符合
1. 高中老师为学生高考投入了大量的精力	1	2	3	4	5
2. 高中任课老师都能讲好自己的课程	1	2	3	4	5
3. 高中期间老师们会经常介绍大学的知识	1	2	3	4	5
4. 高中老师们会经常介绍一些社会职业的特点	1	2	3	4	5
5. 高中期间经常聘请大学老师来学校讲座	1	2	3	4	5
6. 高中期间经常组织到大学的实地参观	1	2	3	4	5

续表

题项	完全不符合	不太符合	不确定	比较符合	完全符合
7. 高考后学校会组织相关的志愿填报辅导活动	1	2	3	4	5
8. 高考后学校会组织招生政策的解读活动	1	2	3	4	5
9. 高中老师常以单向讲解课本或讲义上课	1	2	3	4	5
10. 老师常以解题或做卷子方式上课	1	2	3	4	5
11. 老师能经常使用多媒体等手段辅助教学	1	2	3	4	5
12. 课堂上师生经常互动交流（发问、讨论）	1	2	3	4	5
13. 老师能对学习困难学生额外辅导	1	2	3	4	5
14. 高中期间我在课堂上经常提问或参与讨论	1	2	3	4	5
15. 高中期间我在课堂上能认真做好笔记	1	2	3	4	5
16. 高中期间我在课后能高质量地完成作业	1	2	3	4	5
17. 高中期间我能有效利用课余时间进行学习	1	2	3	4	5
18. 高中期间我有很多种学习工具书	1	2	3	4	5
19. 高中期间经常看学术性较强的学术资料	1	2	3	4	5
20. 高中期间经常使用网络等手段扩充知识点	1	2	3	4	5

12. 下列表述是否符合您大学入学前的实际情况？

题项	完全不符合	不太符合	不确定	比较符合	完全符合
1. 入学前，我对就读大学有了解	1	2	3	4	5
2. 入学前，我对所学专业有了解	1	2	3	4	5
3. 入学前，我预修或补习过大学课程	1	2	3	4	5
4. 入学前，我对大学充满了期待	1	2	3	4	5
5. 入学前，我期待在大学里取得成功	1	2	3	4	5
6. 高中知识为我大学学习奠定了良好基础	1	2	3	4	5

第三部分　语言能力情况

1. 在高中期间，您接受的是以哪种语言授课的教育？

　① 全是本民族语言教学

　② 全是汉语教学

　③ 本民族语言教学为主，汉语教学为辅

　④ 汉语教学为主，本民族语言教学为辅

2. 您目前掌握国家通用语言的程度如何？

　① 基本不会　　②能听说但读写较差

　③能听懂但讲得较差　　④ 能熟练地听说读写

3. 您目前的国家通用语言水平能胜任大学的学习任务吗？

　① 能　　②一般

　③不清楚　　④不能

第四部分　进入大学后情况

1. 您现在就读的专业，在高考录取时属于下列哪些情况？

　① 按自己所报志愿被录取的

　② 在自己所报院系内不同专业间被调剂的

　③ 在非自己所报院系间被调剂的

　④ 其他

2. 您对大学预科教育制度的态度是？

　① 非常有必要　　②有必要

③无所谓　　　　　　　　　④没必要

3. 与刚入学相比，您目前的状态是否符合以下表述：

题项	完全不符合	不太符合	不清楚	比较符合	完全符合
1. 有高度的自我认同感	1	2	3	4	5
2. 自信心得到了提高	1	2	3	4	5
3. 分析和推理能力得到了提高	1	2	3	4	5
4. 独立思考能力得到了提高	1	2	3	4	5
5. 数理统计能力得到了提高	1	2	3	4	5
6. 时间管理能力得到了提高	1	2	3	4	5
7. 学业成绩得到了提高	1	2	3	4	5
8. 身体素质得到了提高	1	2	3	4	5
9. 我对所在的大学感到满意	1	2	3	4	5
10. 我对所学的专业感到满意	1	2	3	4	5

4. 您对学校的各项工作还有什么意见或建议？

____

____。